乡村振兴

碧水 | 生态 | 蓝天 | 环保 | 健康 | 绿色

战略演变逻辑、问题与对策研究

——基于湖南省的分析

范东君 ◎ 著

九州出版社
JIUZHOUPRESS

图书在版编目（CIP）数据

乡村振兴：战略演变逻辑、问题与对策研究：基于湖南省的分析 / 范东君著 . -- 北京：九州出版社，2022.8

ISBN 978-7-5225-1094-1

Ⅰ . ①乡… Ⅱ . ①范… Ⅲ . ①农村 - 社会主义建设 - 研究 - 湖南 Ⅳ . ① F327.64

中国版本图书馆 CIP 数据核字（2022）第 140591 号

乡村振兴：战略演变逻辑、问题与对策研究：基于湖南省的分析

作　者	范东君　著
责任编辑	王文湛
出版发行	九州出版社
地　址	北京市西城区阜外大街甲 35 号（100037）
发行电话	（010）68992190/3/5/6
网　址	www.jiuzhoupress.com
印　刷	廊坊市海涛印刷有限公司
开　本	710 毫米 ×1000 毫米　16 开
印　张	12.5
字　数	170 千字
版　次	2022 年 8 月第 1 版
印　次	2023 年 8 月第 1 次印刷
书　号	ISBN 978-7-5225-1094-1
定　价	58.00 元

Contents

01 | 第一章
    | 绪　论

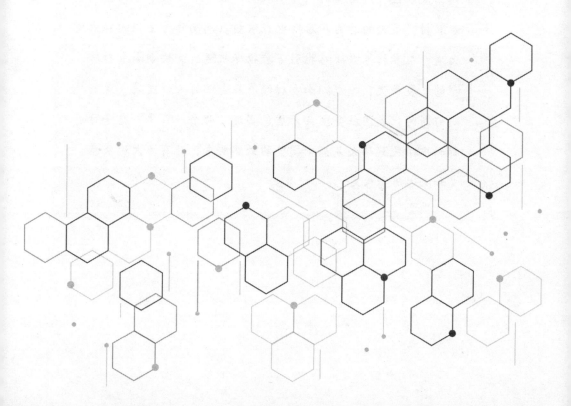

乡村是具有自然、社会、经济特征的地域综合体，兼具生产、生活、生态、文化等多重功能，与城镇互促互进、共生共存，共同构成人类活动的主要空间。乡村兴则国家兴，乡村衰则国家衰。"三农"问题是关系国计民生的根本性问题，实施"乡村振兴"是全党解决好"三农"问题工作的重中之重。全面建成小康社会和全面建设社会主义现代化强国，最艰巨、最繁重的任务在农村，最广泛、最深厚的基础在农村，最大的潜力和后劲也在农村。湖南作为全国的农业大省，在乡村振兴战略指引下应抢抓机遇，加快湖南乡村转型的发展步伐，推进湖南乡村经济社会又好又快发展，是解决好新时代我国社会主要矛盾、实现"两个一百年"奋斗目标和中华民族伟大复兴中国梦的必然要求，具有重大现实意义和深远历史意义。

第一节　研究背景及目的意义

中华人民共和国成立以来，我国政府一直致力于解决"三农"问题，面向"两个一百年"奋斗目标的需要，当前我国脱贫地区乡村发展正逐渐由低层次的脱贫向更高层次的振兴转变。因此，如何做好乡村振兴有机衔接脱贫攻坚已成为当前农村工作的核心主题。[①]近年来，中共中央、国务院连续发布中央一号文件，对新发展阶段优先发展农业农村、全面推进乡村振兴作出总体部署，也为做好当前和今后一个时期"三农"工作指明了方向。2017年10月18日，在党的十九大报告中习近平总书记提出了乡村振兴战略，为我国脱贫攻坚后指明了乡村发展的方向。2018年3月5日，国务院总理李克强在《政府工作报告》中提及大力实施乡村振兴战略。2018年5月31日，中共中央政治局召开会议，审议《国家乡村振兴战略规划（2018—2022年）》。2018年9月，中共中央、国务院印发了《乡村振兴战略规划（2018—2022年）》，并发出通知，要求各地区各部门结合实际认真贯彻落实。2021年2月21日，《中共中央　国务院关于全面推进乡村振兴加快农业农村现代化的意见》即2021年中央一

---

① 张志胜、李丽敏：《脱贫攻坚与乡村振兴的统筹衔接：必然、实然与应然》，《山西农业大学学报（社会科学版）》，2020年第6期。

号文件发布。2021年2月25日，国务院直属机构——国家乡村振兴局正式挂牌。为了做好乡村振兴这篇大文章，2021年3月，中共中央、国务院发布了《关于实现巩固拓展脱贫攻坚成果同乡村振兴有效衔接的意见》，并提出重点工作。2021年4月29日，十三届全国人大常委会第二十八次会议表决通过《中华人民共和国乡村振兴促进法》。2021年5月18日，司法部印发了《"乡村振兴法治同行"活动方案》。相关法律和方案的推出为乡村振兴的顺利推进提供了法律保障。2022年2月22日，《中共中央国务院关于做好2022年全面推进乡村振兴重点工作的意见》正式发布，再次提出要推动乡村振兴取得新进展，这是21世纪以来第19个指导"三农"工作的中央一号文件。

乡村振兴是一项长期的、系统的工程，涉及乡村发展的诸多方面，同时也面临着诸多的问题和挑战。湖南作为全国乡村振兴的重要的一员，也面临着许多问题。例如，如何解决乡村转型升级发展面临的一系列复杂问题？乡村振兴推进路径如何抉择？如何确保让农民生活更好、农业更有前途、农村变得更美？等等。因此在脱贫工作的经验教训基础上，设计好推进乡村振兴的政策举措，是一个有待实施的重大课题。

在我国，乡村地域广、人口规模较大，截至2020年底，我国仍有将近5.1亿乡村人口，占比36.11%，因此，实施乡村振兴战略的意义十分重大。对此，以习近平总书记为核心的党中央，站在共享、发展的高度，把"乡村振兴"作为一个重大战略提出并给予法律保障，先后制定了许多与乡村振兴相关的政策。近几年来，在中央政府积极推动和各级地方政府的努力下，乡村振兴战略有序推进，继脱贫攻坚后又继续派遣工作队助力乡村振兴。在广大干部和社会力量积极参与下，乡村发展动力不断增强，乡村未来发展环境有望明显提升，农民的生产生活条件也将不断改善。在实施"精准扶贫"后，我国农村脱贫攻坚任务取得伟大胜利，长期困扰我国农村的原发性绝对贫困基本终结。在新时期，我国的乡村发展会出现新的变化，社会主要矛盾也随之发生转变，这也意味着农民在生产、生活方面可能还会出现一些新的问题。在经济快速发展的同时，城乡收入差距逐渐拉大，农村内部的收入差距也在不断扩大，农村低收入者绝对收入的人均增长速度低于农村基础居民收入，农村的相对贫困问题将更为突出。新时期对乡村发展提出了新要求，如何更好地解决农村发展环境问题、农业的发展效率问题、农民的相对贫困问题，探讨湖南乡村振兴机制具体途径、振兴思路，优化乡村振兴的机制，对有效推进乡村振兴战略具有重大现实意义。

乡村振兴是新时期我国反贫困又一重大战略举措，也是我国致力于长期解决好"三农"问题的实践与理论的创新。因此，加强对乡村振兴战略的理论研究，是指导乡村振兴战略顺利推进的迫切需要，对乡村振兴战略的研究已成为当前学术界研究的热点问题。当前许多学者对乡村振兴的研究大多集中在理论阐释和实践路径上，并取得了一系列重要研究成果。本书以湖南省为研究对象，主要探讨乡村振兴的进展情况和存在的主要问题，通过对全省一些典型的乡村振兴示范村进行深入调研，从产业发展、能人带动、党建引领、社会力量介入等方面分析湖南省乡村振兴取得的成效、存在的主要问题，并提出乡村振兴战略的思路方向，希望能为湖南省探索乡村振兴实践路径与机制选择提供一些参考。

第二节　乡村振兴战略相关问题研究概况

自习近平总书记提出实施乡村振兴战略以来，广大学者对乡村振兴的相关问题进行了广泛关注与研究，取得了诸多有价值的研究成果。学者们不仅从理论上进行了多方面的阐释，还结合当前乡村振兴所存在的诸多问题和实践路径进行了针对性研究。但由于乡村振兴战略实施时间还比较短，对诸多问题和实践路径还有待进一步挖掘和探索，不仅要在系统性研究上做文章，还要结合实际在具体问题研究上下功夫。同时，要对已有的相关研究成果进行梳理，为乡村振兴战略的理论研究和实践方向提供指导和借鉴。

一、乡村振兴基本内涵的研究

习近平总书记提出实施乡村振兴战略以来，国内外学者围绕"产业兴旺、生态宜居、乡风文明、治理有效、生活富裕"等主题深入阐释了乡村振兴战略的丰富内涵。为了准确把握乡村振兴战略的科学内涵，有学者从基本含义、总体要求、主要内容、关键举措、主要目标等方面对乡村振兴战略的内涵进行了深入分析①，有的学者从农村和城市发展的辩证关系、两者的现代化发展、时代价值体现等角度阐述了乡村振兴战略的内涵。他们认为城乡互为依存、互为影响，因此乡村振兴战略必须置于城乡融合、城乡一体的架构中推进，并且应以新型城市化战略来引领，也就是说，没有城市的支持，乡村难以实现振兴，这是新时期实施乡村振兴战略的关键所在。②也有学者从产业发展、农民生活水平、农村生态环境、农村治理体制等方面阐释了乡村振兴战略的基本内涵。③还有学者从"治理有效"视角阐释了乡村振兴战略的内涵，认为关键在于理论研究与实践创新，通过不断的实践创造出符合各地乡村实际情况的治理模式，利用民主的手段和法治的保障，确保乡村治理有效运转。④另外，还有学者通过典型案例调研，建议要发展适合自身特色的乡村产业，通过资源、资金入股成为股东，打造产业兴旺村，从而实现乡村振兴。⑤

---

① 廖彩荣，陈美球. 乡村振兴战略的理论逻辑、科学内涵与实现路径［J］. 农林经济管理学报，2017（06）：795-892.

② 黄祖辉. 准确把握中国乡村振兴战略［J］. 中国农村经济，2018（04）：2-11；巩前文. 新时代乡村振兴的科学内涵与基本路径［J］. 北京教育（德育），2018（04）：25-30.

③ 叶兴庆. 新时代中国乡村振兴战略论纲［J］. 改革，2018（01）：65-73.

④ 慕良泽. 村民自治研究40年：理论视角与发展趋向［J］. 中国农村观察，2018（06）：2-11.

⑤ 蒋云龙. 产业兴旺农民腰包鼓起来［N］. 人民日报，2018-03-27（009）.

二、乡村振兴的意义与必要性研究

自乡村振兴战略提出以来，学者们从理论和实践阐述了实施乡村振兴战略的价值意义和必要性。可以说，乡村振兴的持续推进对于全面建成小康社会，实现两个一百年奋斗目标意义重大。[①]有学者从乡村经济、政治、文化、社会、生态文明建设这五个方面阐述了习近平总书记提出的乡村振兴战略重要意义。[②]也有学者指出，实施乡村振兴，有利于平衡人与自然的发展格局与关系、推动我国经济社会可持续发展、促进城乡融合实现共同富裕。[③]

随着城镇化快速推进和工业化水平的显著提升，城乡发展差距在不断拉大，加大乡村建设力度是缩小城乡发展差距，实现共同富裕的必然要求。一些学者们分别从历史的高度和现实需要的角度探讨了实施乡村振兴战略的必要性。有学者基于历史发展规律，从乡村治理的发展历程、新农村建设时期存在的矛盾和问题等方面阐述了实施乡村振兴内在逻辑的必要性。[④]另有学者站在现实发展的高度和新时代社会主要矛盾的

---

① 李康. 实施乡村振兴的战略意义及路径选择［J］. 科研，2019（01）：63-65.

② 董建华. 习近平乡村振兴战略思想的内涵及其意义［J］. 经济研究导刊，2018（27）：1-2.

③ 徐国富. 乡村振兴战略的时代意义［J］. 环渤海经济瞭望，2019（08）：70-71.

④ 贺雪峰. 实施乡村振兴战略要防止的几种倾向［J］. 中国农业大学学报（社会科学版），2018（03）：111-116；徐俊忠. "乡村振兴战略"：不可淡忘的国情逻辑和社会主义底色［J］. 经济导刊，2018（02）：65-66；丁志刚，王杰. 中国乡村治理70年：历史演进与逻辑理路［J］. 中国农村观察，2019（04）：18-32.

变化视角阐述了乡村振兴的必要性。随着我国城乡发展不平衡矛盾的突出，城乡收入差距的不断拉大，乡村人口流失严重，最终导致了乡村产业发展能力不足，因此在新的时期推进乡村振兴恰逢其时，十分必要。[①]而我国社会主要矛盾的变化也对乡村发展也提出了新要求，城市对农产品需求从"量"的满足向"质"的渴求转变，与此同时，农民则渴望能享受更好的公共服务、医疗教育和基础设施等，这一现状迫切需要实施乡村振兴。[②]总而言之，乡村振兴战略的实施是破解城乡发展不平衡、农业农村发展不充分的必要出路。[③]

三、乡村振兴战略实施面临的困境

我国乡村振兴战略的推进取得了良好开局，乡村各方面工作有条不紊地推进，对"三农"问题的解决起到了重要作用。但乡村振兴战略在推进过程中仍然面临诸多问题，许多问题仍亟待解决。有学者认为，在乡村振兴战略实施中容易产生诸如"注重短期目标与成绩、对乡村现

---

① D.Gale Johnson. 1978以来，中国的城乡收入差距拉大了吗？［J］. 经济学（季刊），2002（02）：553-562；郭晓鸣. 乡村振兴战略的若干维度观察［J］. 改革，2018（03）：54-61；凌慧敏，徐晓林. 重塑城乡关系合理引导人口迁移［J］. 学习与实践，2018（10）：88-94.

② 叶兴庆. 新时代中国乡村振兴战略论纲［J］. 改革，2018，（01）：65-73；张强，张怀超，刘占芳. 乡村振兴：从衰落走向复兴的战略选择［J］. 经济与管理，2018（01）：6-11.

③ 郭俊华，卢京宇. 乡村振兴：一个文献述评［J］. 西北大学学报（哲学社会科学版），2020（02）：130-138.

状认识片面、政策扶持落实难以到位、农民主体参与缺位等问题"①，而要确保乡村振兴战略有效推进，各级政府如果不保持清醒的认识，不充分认识到实施乡村振兴战略的长期性、任务的艰巨性、路径的系统性，不充分发挥农民的主体性，不充分调动社会力量，乡村振兴战略就难以顺利推进。②目前，我国乡村振兴还面临着资金从哪里来的问题。由于农村金融体系滞后，金融发展落后于城市，财政支农资金不足，借贷风险较大，再加上农业保险滞后，金融机构大多不愿支持农业产业发展，使得农业产业化发展严重滞后于工业化水平。③另外，由于农户信息滞后、成本劣势、保障制度缺陷等原因导致金融机构对乡村投资"惜贷"，农户信贷配给率低，大多数农户很难通过正规渠道获得信贷资金支持。④

乡村振兴的关键在人才，但目前大量农村青壮年劳动力流向了城市，留守农村的人员年龄偏大、数量少、农忙时人手短缺、现代化农业

① 魏玉栋. 乡村振兴战略与美丽乡村建设 [J]. 中共党史研究，2018（02）：15-19.

② 王国华，江波. 探析乡村振兴战略实施路径 [J]. 中国国情国力，2018（05）：25-26；孔祥智. 实施乡村振兴战略的进展、问题与趋势 [J]. 中国特色社会主义研究，学术界，2018（10）：46-55.

③ Johnson T G. Entrepreneurship and development finance: Keys to rural revitalization [J]. American Journal of Agricultural Economics, 1989, 71（05）：1324-1326；赵洪丹，朱显平. 农村金融、财政支农与农村经济发展 [J]. 当代经济科学，2015（05）：96-108，127-128.

④ 何广文，刘甜. 基于乡村振兴视角的农村金融困境与创新选择 [J]. 学术界，2018（10）：46-55.

人才严重不足，谁来种地、怎么种地成为农业产业化的一个难题。^①有学者从基层党组织人员的教育水平不高、工作能力不强且后备队伍不优等方面探讨了基层优秀干部人员严重不足抑制乡村治理效率的提升问题。^②在新时代，农村不仅存在科技、管理、电商、文化传播、治理等人才的严重不足，也急需一批优秀的医疗、教育人才，可以说，每个环节都存在人才紧缺的问题，需要针对实施乡村振兴的各个环节引进更多优秀人才。^③

乡村振兴还面临着如何有效利用土地资源的困境。乡村产业的发展离不开对土地这一资源的有效开发与利用，需要完善农村土地改革。由于"公共利益"的界定不清，在乡村振兴推进过程中，农村集体土地征收范围过宽，出现了农村集体土地被过度转变成经营性用地，与中央实施乡村振兴战略的意图相悖^④，而农村集体建设用地如果不直接入市交易，就难以有效盘活农村集体土地资产，收益就难以保障。^⑤也有学者对农村宅基地使用权是否流转进行了探讨，一些学者支持宅基地自由流

---

① 杨璐璐. 乡村振兴视野的新型职业农民培育：浙省个案［J］. 改革，2018（02）：132-145.

② 霍军亮，吴春梅. 乡村振兴战略背景下农村基层党组织建设的困境与出路［J］. 华中农业大学学报（社会科学版），2018（03）：1-8.

③卞文忠. 别让"人才短板"制约乡村振兴［J］. 人民论坛，2019（01）：76-77.

④ 刘振伟. 乡村振兴中的农村土地制度改革［J］. 农业经济问题，2018（09）：4-9.

⑤ 张勇. 农村宅基地制度改革的内在逻辑、现实困境与路径选择——基于农民市民化与乡村振兴协同视角［J］. 南京农业大学学报（社会科学版），2018，18（06）：118-127，161.

转，通过盘活资产给农民带来收益。而另一些学者则认为宅基地自由流转容易产生城市圈地运动，对农村发展不利，因此，如何把握好宅基地流转的"度"，有待进一步研究。①

乡村振兴还面临着文化发展的困境。近些年来，由于新技术、新媒体的快速发展，城镇化加速推进，一些乡村的传统文化逐渐走向没落，在乡村振兴推进过程中，如何恢复、培养优秀的乡村文化对于振兴乡村文化至关重要。乡村文化没落了，乡村就会失去灵魂，乡村的特色就将不复存在。随着农村劳动力和人才的不断流失，我国传统村落中丰富的文化遗产、传统文化也在不断消失，将传统村落保护等同于文化性建筑保护是新时代中国乡村文化振兴面临的巨大挑战。②也有学者指出，中国当代乡村最大的缺失是文化自信的缺失，一些人盲目推崇城市现代文化与城市生活方式，对乡村生活方式不再认同，以致原有的乡村价值观缺失。③此外，还有学者从乡村国家意识形态建设式微、乡土文化被边缘化、公共文化短缺、宗教文化影响力在农村的扩大等四方面探讨了乡村文化振兴面临的挑战。④

① 严金明，迪力沙提，夏方舟. 乡村振兴战略实施与宅基地"三权分置"改革的深化 [J]. 改革，2019（01）：5-18.

② 廖军华. 乡村振兴视域的传统村落保护与开发 [J]. 改革，2018（04）：130-139.

③ 高静，王志章. 改革开放40年：中国乡村文化的变迁逻辑、振兴路径与制度构建 [J]. 农业经济问题，2019（03）：49-60.

④ 欧阳雪梅. 振兴乡村文化面临的挑战及实践路径 [J]. 毛泽东邓小平理论研究，2018（05）：30-36，107.

四、乡村振兴的实践路径探讨

学者们围绕着如何推进乡村振兴进行了大量思考，主要从产业、人才、文化、生态、组织等方面的振兴进行了探索。一些学者认为，产业发展是乡村振兴的重点[①]，农村产供销体系的不断完善是乡村产业振兴的必由之路，产业融合是乡村振兴的根本路径[②]，而要实现乡村产业振兴，对土地和村庄的整治必不可少，通过对农田进行高标准改造，促进粮食生产能力的提升，进而吸引外来投资。[③]也有学者基于农产品供需结构分析，从控制有效需求和供给总量、提升供给质量、加快农业供给侧结构性改革等途径推进乡村产业振兴。[④]

要实施乡村振兴战略就需要让各类人才成为振兴乡村的重要参与者。提升农民职业教育质量，重点是要培育新型职业农民，培育和壮大"三农"工作队伍，以提高农民在相关领域的专业化能力，以及引导涉

[①] 曾福生，蔡保忠. 以产业兴旺促湖南乡村振兴战略的实现 [J]. 农业现代化研究，2018（02）：179-184；邢成举，罗重谱. 乡村振兴：历史源流、当下讨论与实施路径——基于相关文献的综述 [J]. 北京工业大学学报（社会科学版），2018（05）：8-12；王伟. 乡村振兴视角下农村精准扶贫的产业路径创新 [J].重庆社会科学，2019（01）：27-33.

[②] 张建刚. 新时代乡村振兴战略实施路径——产业振兴 [J]. 经济研究参考，2018（13）：75-79.

[③] 朱兆伟，徐祥临. 乡村产业振兴如何起步 [J]. 人民论坛，2019（18）：90-91.

[④] 张晓山. 推动乡村产业振兴的供给侧结构性改革研究 [J]. 财经问题研究，2019（01）：114-121.

农专业人才回乡创新创业[①]，造就一批懂农业、有技术、会经营的新型职业农民[②]，尤其要引进和培养一批一线生产人员、农技人员以及经营管理人员。[③]有学者认为，基层干部是乡村振兴的重要力量，提高基层干部素质和能力的同时，还要使其认识到提高服务村民的意识是极其重要的。[④]也有学者分析了吸引和引导新乡贤回流乡村的重要性，积极弘扬企业家精神，通过"人才下乡"等优惠政策留住新乡贤，引导优秀企业家投资家乡。[⑤]

文化是实现乡村振兴的精神内核。要深入探索乡村价值建设，重视建设时代价值、重构乡村秩序，通过对乡村精神文明建设的有效治理，为乡村振兴注入强大的精神动力。[⑥]在乡村文化振兴过程中，要尊重文化再生长的客观规律，精准识别乡村文化符号，重塑文化的包容性，提升

---

① 王文彬. 自觉、规则与文化：构建"三治融合"的乡村治理体系 [J]. 社会主义研究，2019（02）：123-130.

② 杨璐璐. 乡村振兴视野的新型职业农民培育：浙省个案 [J]. 改革，2018（02）：132-145.

③ 蒋和平，王克军，杨东群. 我国乡村振兴面临的农村劳动力断代危机与解决的出路 [J]. 江苏大学学报（社会科学版），2019（01）：28-34.

④ 殷梅英. 以组织振兴为基础推进乡村全面振兴 [J]. 中国党政干部论坛，2018（05）：86-88.

⑤ 张红宇. 乡村振兴战略与企业家责任 [J]. 中国农业大学学报（社会科学版），2018，35（01）：13-17；钱再见，汪家焰. "人才下乡"：新乡贤助力乡村振兴的人才流入机制研究——基于江苏省L市G区的调研分析 [J]. 中国行政管理，2019（02）：92-97.

⑥ 王亚华，苏毅清. 乡村振兴——中国农村发展新战略 [J]. 中央社会主义学院学报，2017（06）：49-55.

乡村文化。①也有学者从保护传统村落的角度出发，赋予村民权力，充分发挥村民的主动性和创造性，不仅要保护好村庄文化，同时也要重视村民经济效益的提升，地方政府要出台改造传统村落和保护传统文化的合理政策。②要重塑乡风文明，必须加大乡村基础文化设施建设力度，繁荣乡村文化产业。

良好的生态是乡村振兴的助力器。良好的生态是乡村特有的优势，乡村要充分发挥和利用生态环境容量的潜力，发挥生态优势促进乡村振兴。学者们主要从生态与产业结合的视角探析了实施乡村振兴的路径，提出把绿色发展理念融入产业发展的各个环节，通过实施种植业、养殖业、文化旅游业等各种产业的生态化，将生态转化为经济效益，从而吸引更多外来投资，进而促进乡村振兴。③有学者认为，要通过乡村生态环境的恢复和提升，因地制宜大力发展生态文化旅游业。还有学者从资源环境约束剖析了农业发展问题，要培育一批生态农业、生态农场、生态农庄、生态农民，来发展生态农业，进而实现乡村振兴。④

各种组织是推进乡村振兴的保障。有学者从加强党对乡村治理的领

① 高静，王志章. 改革开放40年：中国乡村文化的变迁逻辑、振兴路径与制度构建 [J]. 农业经济问题，2019（03）：49-60.

② 廖军华. 乡村振兴视域的传统村落保护与开发 [J]. 改革，2018（04）：130-139.

③ 郭晓鸣. 乡村振兴战略的若干维度观察 [J]. 改革，2018（03）：54-61

④ 高尚宾，徐志宇，靳拓，等. 乡村振兴视角下中国生态农业发展分析 [J]. 中国生态农业学报，2019（02）：163-168.

导、创新乡村治理体系、走乡村善治道路等视角探讨了乡村组织振兴。①
也有学者认为要通过加强农村基层党组织的教育培训，激发农村经济合
作组织的内生动力，培育具有优良乡风的社会组织，形成人人爱参与的
村民自治组织，促进乡村振兴。②还有学者指出，农村基层党组织自觉服
务意识不强，要通过增强党员干部廉洁自律、保持与人民群众的密切联
系、保持与上级党组织的协调合作来实现组织振兴。③此外，还要加速乡
村组织的自主自觉培育进程，使各种组织成员自觉主动地参与到乡村振
兴战略推进过程中。④

五、乡村振兴的制度供给与法律保障研究

制度经济学认为制度对经济发展有重要作用，合理的制度供给是保
障乡村振兴顺利推进的前提。一些学者分别从深化土地制度改革、完善

---

① 耿永志，张秋喜. 实施乡村振兴战略，需整体性提高乡村治理水平［J］.
农业现代化研究，2018，39（05）：717-724.

② 殷梅英. 以组织振兴为基础推进乡村全面振兴［J］. 中国党政干部论坛，
2018（05）：86-88.

③ 张瑜，倪素香. 乡村振兴中农村基层党组织的组织力提升路径研究［J］.
学习与实践，2018（07）：53-59.

④ 徐顽强，王文彬. 乡村振兴的主体自觉培育：一个尝试性分析框架［J］.
改革，2018（08）：73-79.

农村宅基地制度^①、推进集体产权制度改革^②、完善"三有"经济体制等方面探索乡村振兴的制度供给。目前，我国农业相关法律法规相对比较完善，但针对乡村发展的其他方面法律仍有诸多欠缺。2017年，中央农村工作会议明确指出制定《乡村振兴法》刻不容缓；有的学者认为《乡村振兴法》的内容必须围绕党的十九大关于乡村振兴的"二十字方针"进行设定；也有学者认为要从完善农村金融^③、放活宅基地使用权^④、发展乡村旅游^⑤等方面加快立法进程。2021年4月29日，十三届全国人大常委会第二十八次会议表决通过《中华人民共和国乡村振兴促进法》，2021年5月18日，司法部印发了《"乡村振兴 法治同行"活动方案》，为乡村振兴的有序推进提供了法制保障。

---

① 蔡秀玲，陈贵珍. 乡村振兴与城镇化进程中城乡要素双向配置［J］. 社会科学研究，2018（06）：51-58；严金明，迪力沙提，夏方舟. 乡村振兴战略实施与宅基地"三权分置"改革的深化［J］. 改革，2019（01）：5-18.

② 戴双兴. 实施乡村振兴战略壮大农村集体经济［J］. 思想理论教育导刊，2018（08）：13-16；张云华. 农业农村改革40年主要经验及其对乡村振兴的启示［J］. 改革，2018（12）：14-26.

③ 杨皖宁. 乡村振兴战略下中国农村金融立法的完善［J］. 北京理工大学学报（社会科学版），2019，21（04）：155-161.

④ 张勇. 农村宅基地制度改革的内在逻辑、现实困境与路径选择——基于农民市民化与乡村振兴协同视角［J］. 南京农业大学学报（社会科学版），2018，18（06）：118-127，161.

⑤ 梁田. 美国农业旅游立法对我国"乡村振兴"法治建设的启示［J］. 财经科学，2019（02）：119-132.

六、推进乡村振兴的国外经验研究

一些欧美和亚洲的发达国家和地区在推进乡村振兴中取得了较大成就，为中国推进乡村振兴提供了一些有益的经验和模式。许多学者就国外乡村发展进行了一些有益的探索和研究，这些研究可以让我国在推进乡村振兴进程中少走一些弯路。有学者基于美国乡村发展政策演变的经验，认为美国在乡村发展政策的演变过程中，政府起到了积极的主导作用，通过农业立法、构建管理制度体系和借助社会资本的方式，促进了城乡一体化的有效落实。同时认为中国实施乡村振兴战略的背景与美国二十世纪七八十年代的情况相近，可以吸取美国乡村发展政策演变过程中的经验教训，分阶段、有侧重地实施战略内容，以立法为保障，以市场为基准，加快建立乡村振兴政策体系和制度框架，鼓励产业延伸和创新，逐步推进新乡村、新乡风和新乡貌的形成。[①]也有学者基于部分发达国家的乡村发展历程，如韩国的"新村运动"、日本的"新村建设"、德国的"乡村地区发展"等，系统梳理了部分具有代表性的乡村建设，把乡村发展概括为三个阶段，即农村基层设施转变阶段、乡村发展方式转变阶段和乡村思想转变阶段，并归纳了国外乡村发展主要采取以政府为主导的"自上而下"的推进方式，少数欧盟国家则采取"自下而上"的地方推进方式的结论。[②]也有学者从乡村治理视角出发，认为日本的

---

① 胡月，田志宏. 如何实现乡村的振兴？——基于美国乡村发展政策演变的经验借鉴 [J]. 中国农村经济，2019（03）：128-144.

② 王林龙，余洋婷，吴水荣. 国外乡村振兴发展经验与启示 [J]. 世界农业，2018（12）：168-171.

"造村运动"是基于其独特的资源禀赋条件，政府和农民共勉配合走因地制宜、自主协同型的发展模式。"乡村更新"中的德国通过不断调整治理目标和政策走循序渐进型模式。"农地整理"中的荷兰因为国土面积小、资源少，则走的是精简节约型模式。以上每一种模式都是符合当地国情、具有本国特色的乡村治理模式。①

在对国内外学者关于乡村振兴研究的相关文献进行整理的过程中发现，乡村振兴面临的困境主要集中于资金不足、人力资本缺乏、土地资源要素制约以及文化没落等问题；在乡村振兴路径的研究上主要集中在产业发展、人才引进与培育、文化复兴、生态环境保护与利用、各种组织的培育等方面。国内外学者关于乡村振兴问题相关的研究成果为本书提供了极其重要的理论基础和方向指引，笔者将围绕以下问题进一步深化研究。一是如何针对湖南省的实际，因地制宜开展乡村振兴模式创新和有的放矢的进行政策研究。二是目前已有的相关乡村振兴问题研究在规范研究和宏观层面较多，实证研究和微观层面较少。三是在新时代，如何破解后扶贫时代乡村振兴领域出现的新问题，有针对性地开展实践研究。

---

① 沈费伟，刘祖云. 发达国家乡村治理的典型模式与经验借鉴［J］. 农业经济问题，2016（09）：93-102，112；郭俊华，卢京宇. 乡村振兴：一个文献述评［J］. 西北大学学报（哲学社会科学版），2020（02）：130-138.

第三节 研究思路与结构框架

本书在中国进入新时代背景下，按照习近平总书记在党的十九大报告中提出的乡村振兴战略思想和中共中央、国务院连续发布中央一号文件，对新发展阶段优先发展农业农村、全面推进乡村振兴作出总体部署，为做好当前和今后一个时期的"三农"工作指明了方向。结合湖南省乡村振兴战略的目标和任务，遵循从理论归纳到实证研究的基本思路，坚持从湖南各地乡村实际出发，立足一些村庄的调查研究。坚持宏观与微观相结合、定性与定量相结合的分析研究，通过实地调研、案例剖析、归纳总结、逻辑演绎等方法，形成全面、系统、科学合理与指导实践的技术集成特点，从湖南省乡村振兴的现状、存在问题、成因、模式路径与战略举措等方面进行分析，为湖南省乃至全国的乡村振兴提供新思路和新路径。

一、中国乡村振兴战略的理论逻辑

乡村振兴战略作为新时代农村现代化的伟大实践，有着深厚的思想理论基础。首先分析了乡村振兴战略思想的理论来源与发展，探讨了我国历届领导人关于乡村发展理论，以及习近平总书记提出的乡村振兴战略思想无不体现了新时期中国共产党人的智慧，皆是站在历史和所处时代的高度探索的产物，这些思想既继承了前人的智慧，更体现出了创新。笔者在书中分析了新中国成立以来的乡村振兴演变历程，回顾了新中国成立以来中国乡村发展历程，归纳了中国乡村发展的五个阶段，总结出中国乡村发展的四个基本经验。

二、实施乡村振兴战略的必要性与现实基础

本章首先从化解我国社会主要矛盾、防止我国乡村出现衰落、全面建设社会主义现代化强国等三个方面分析了实施乡村振兴战略的必要性。之后从时代背景、现实条件、客观需求等三个方面探讨了实施乡村振兴的现实基础。

三、湖南省乡村振兴进展状况

本章从出台落实的一系列政策、产业发展、生态环境、乡风文明、乡村治理、农民生活六个方面探讨了湖南省实施乡村振兴战略取得的初步成效；从农业产业化程度、农村基础设施、乡风文明建设、生态环境治理、乡村治理、内生发展动力六个方面探讨了乡村振兴仍然存在的主要问题，并就这些问题从地方政府动能、资金、社会力量、产业发展基础、乡村人才、干部的责任意识等方面分析了对其产生影响的因素。

四、乡村振兴战略的模式与实现路径探讨

本章基于国内外乡村振兴模式的演变与实践，从振兴主体和资源要素来源两个层面进行分析，探讨乡村振兴的三种典型模式，然后从产业发展、基础设施和公共服务升级、农村文化建设、乡村社会治理能力提升、乡村振兴规划制定这五个方面深入研究了乡村振兴的实现路径，希望能为湖南省不断提高农业农村现代化水平，最终实现乡村全面振兴提供参考和意见。

五、乡村振兴的国内外发展经验启示

本章首先根据北美发达国家、欧盟部分发达国家、东亚发达国家和地区、金砖国家的乡村发展所取得的经验分析这些国家如何取得成功，乡村振兴究竟是如何推进的，从而总结出乡村振兴国际经验对我国的启示及借鉴。

六、乡村振兴的战略思路与保障措施

本章首先从注重长远发展目标、加强乡村人才培育和引进、充分挖掘调动社会力量、激发乡村振兴的内生动力等方面分析了乡村振兴的战略思路，然后从乡村振兴目标责任担当、乡村振兴资金投入保障、乡村地区人才建设力度、乡村地区产业发展、建立健全法治保障、严格乡村振兴考核监督评估等方面提出强化乡村振兴的保障措施。

02 | 第二章
中国乡村振兴战略的理论逻辑

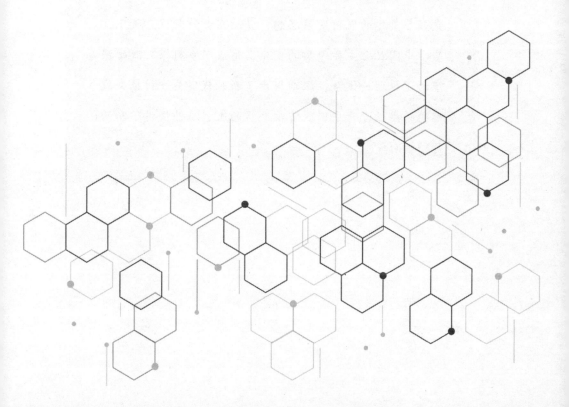

乡村振兴战略作为新时代农村现代化的伟大实践，有着深厚的思想理论基础。它是由以习近平总书记为核心的党中央在广泛吸收前人宝贵经验的基础上，站在新时期的历史高度针对"三农"工作中存在的问题高屋建瓴提出的。它不仅充分吸收了马克思、恩格斯关于农村发展和城乡融合的思想，也继承和发展了历代中国共产党领导集体的农村发展思想，并站在新的时代背景下，基于中国社会主要矛盾的变化，形成了乡村振兴战略严谨的逻辑理论体系，深刻揭示了新时代实施乡村振兴战略的必要性，为中国脱贫攻坚后的农村工作提供了新的行动指南。

第一节　乡村振兴战略思想的理论来源与发展

一、马克思恩格斯关于乡村发展的理论

马克思、恩格斯对农业发展和乡村建设都很重视，提出了一些非常有价值的乡村建设理论，虽然新时代我国乡村的发展情况与他们所处时代的乡村发展情况有很大差别，但是其中一些经典理论对于当前我国的乡村振兴战略的推进仍具有一定的参考价值。

马克思、恩格斯非常重视农民农业的重要性，就城乡关系进行了深入研究，分析了"三农"问题，并提出相应的解决方法，开辟了解决"三农"问题的新道路。马克思和恩格斯在看到生产发展造成城乡关系对立后提出了城乡融合思想，但是要走城乡融合发展道路，必须消灭私有制才能实现。同时，他们认为工农结合是实现城乡融合发展的有效路径，也只有这样，才能使城乡从对立走向融合。马克思在《资本论》中提及，资本主义给农业带来了一系列祸害，农业的有效发展同资本主义制度是不相容的，这一结论为我国深化农村农业改革提供了经验借鉴。与此同时，恩格斯在《法德农民问题》一书中提及了为无产阶级政党制定一个系统的农业社会主义改造的纲领和政策，要对农民问题进行深入

细致的分析。他认为"农民到处都是人口、生产和政治力量的非常重要的因素"，同时阐述了工人阶级掌握政权后进行农业社会主义改造、实现农业合作化的方针和政策，这为新中国重视发挥农民力量，进行农业社会主义改造、实现农业合作化提供了重要思路。①

总的来看，尽管当前我国乡村发展所处的环境与马克思、恩格斯所处时代背景的乡村发展差别较大，但他们的农业农村发展理论中仍有有许多依然适用于指导中国当代的农业农村发展，正是基于这种认识，习近平总书记结合新时代中国乡村的实际情况创造性地继承和发展了其中的一些观点。习近平总书记一再强调的要认识到"三农"问题工作的重要性、促进农村合作组织的发展、加强农业科技创新与推广、努力缩小城乡发展差距等观点，正是对马恩二人重视"三农"问题的重要作用、强调农业生产合作改造小农经济、主张农业科学技术发展解放劳动生产力以及通过城乡融合缩小城乡发展差距等理论的继承发展。由此可见，习近平总书记乡村振兴战略思想与马克思、恩格斯等人的乡村发展理念一脉相承，马克思恩格斯的乡村建设理论是习近平总书记乡村振兴战略思想的理论来源之一。

二、历届中国共产党领导人对乡村发展理论的探究

中华人民共和国成立以来，历届中央领导集体反复强调"三农"问题的重要性，而"三农"工作也始终贯穿于历届中国共产党领导的革命

---

① 张纯，赵丹. 乡村振兴战略形成的理论渊源与现实基础［J］. 长春理工大学学报（社会科学版），2020（03）.

和建设事业全过程。每一代中国共产党人的战略思想无不体现了具有时代特征的农业农村发展思想，其有着深厚的思想理论基础。后一代共产党人的农村发展思想无不体现出对上一代共产党人思想的继承与创新，每一代中国共产党人提出的一系列解决"三农"问题的思想，都为乡村振兴战略思想提供了理论来源。

（一）毛泽东同志对农村发展理论的探索

党中央始终把"三农"问题放在基础性地位，认为只有充分调动广大农民的积极性，中国的革命和发展才有希望，为此，在毛泽东同志领导下的中国共产党废除了封建土地制度，进行了大规模的土地改革，并颁布了《土地改革法》，实行农民的土地所有制，解放了农村生产力，推动了工农联盟的巩固，农业生产得到了较大发展，同时，土地改革还大大促进了农村文化的发展，农民的文化需求日益增加。[①]毛泽东同志提出了农业集体化、合作化思想，一切工作以农业为基础的思想。1953年6月15日，在中央政治局扩大会议上，毛泽东同志在会上首次提出了党在过渡时期总路线的基本内容，要求在贯彻总路线的过程中，针对个体农业在互助组的基础上推出了从发展土地入股的初级农业生产合作社，逐步过渡到土地公有制的高级农业生产合作社。他鼓励农民成立互助组织，提倡农民组织起来，走农业合作化道路，实现共同富裕。1955年7月31日，毛泽东召开省、市、自治区党委书记会议。会议上做了《关于农业合作化问题》的报告，对我国农业合作化的历史，做个总结，提出指

---

① 中共中央党史研究室. 中国共产党的九十年 [M]. 北京：中共党史出版社、党建读物出版社，2016.

导合作化运动的基本方针，并提出在当时条件下必须先有农业合作化，才能使用大机器的重要观点。①毛泽东同志提出的"农业集体化、合作化"的思想为乡村振兴战略提供了一个可行的思路，为我国未来的农业发展多种形式、适度规模经营，培育新型农业经营主体，实现小农户与现代农业发展有机衔接的发展提供了指导。②

（二）改革开放至十八大期间的"三农"理论探索

邓小平同志基于中国社会主义初级阶段的基本国情，旗帜鲜明地支持农村改革实践，创造性地提出了"先富带后富，最终实现共同富裕"的思想，主张以农村作为突破口推进改革开放，以农村改革的成功经验带动和帮助其他领域的改革。在他看来，"农业是根本，不要忘掉"，农业是人们获得物质生产资料的保证，在国民经济发展中具有重要的战略地位，无论经济怎么发展，社会怎么进步，农业的基础地位不可动摇，只有农业稳，社会才会安定，国家才能确保产业发展稳定。这就需要创新农业经营体制，正确认识农民的主体地位，要意识到农民是农业发展的主体，而不是政府。要发展好农业，必须充分发挥好农民的主体作用，充分激发和调动广大农民发展农业的积极性。邓小平同志创造性地提出了在农村实行家庭联产承包责任制，极大地推动了农业生产力的发展。他还认为农业的发展要靠政策和科学；农业将来的发展出路，最

---

① 中共中央党史研究室. 中国共产党的九十年［M］. 北京：中共党史出版社、党建读物出版社，2016.

② 张纯，赵丹. 乡村振兴战略形成的理论渊源与现实基础［J］. 长春理工大学学报（社会科学版），2020（03）.

终要靠尖端技术、生物工程来解决。[①]邓小平同志进行的"三农"问题改革蕴含了重要的农业科技化思想，为中国科技兴农提供了宝贵的发展思路和政策支持。同时，邓小平同志还认为，只有农业发展好，才能为工业发展提供坚实的基础，工业才能搞得好，因此，要正确认识和处理好农业与工业的关系。

以江泽民同志为核心的党的第三代领导集体，在深化改革开放认识的过程中，针对当时国内外出现的新情况、新问题，明确了"三农"的重要战略地位。江泽民同志认为："农业始终是战略产业，粮食始终是战略物资，必须抓得很紧很紧，任何时候都松懈不得。"农业的稳定发展对保持国民经济持续快速健康发展意义重大。江泽民同志指出，"如果放松农业和农村工作，农业和农村经济形势就会不好，整个国民经济就会出现不稳以致陷入困境。"江泽民同志还指出，"要把家庭联产承包责任制长期稳定下来，赋予农民长期而有保障的土地使用权，基于这一前提，有条件的地方可以按照依法、自愿、有偿的原则进行土地承包经营权流转，逐步发展适度规模经营"。[②]江泽民同志提出了要通过农业产业结构调整和发展乡镇企业实现乡村振兴的思想。他阐述了农业农村发展与国家发展的关系，他认为农业的发展将促进整个国民经济的繁荣和活跃，并主张通过产业结构调整和乡镇企业发展来带动乡村人口向非农业部门转移。[③]江泽民同志强调了转变农业发展方式，最重要的一环就

---

① 邓小平文选（第3卷）［M］. 北京：人民出版社，1993.

② 中共中央文献研究室. 十五大以来重要文献选编［M］. 北京：人民出版社出版，2000.

③ 中共中央文献研究室，国务院发展研究中心. 新时期农业和农村工作重要文献选编［M］. 北京：中央文献出版社，1992.

是要狠抓科教兴农，把农业科技摆在科技工作的突出位置，推动传统农业向高产优质高效的现代农业转变，把农业发展转入依靠科技进步和提高农民素质的轨道上来，努力提高科技在农业增长中的贡献份额，促进传统农业向现代农业的转变，由粗放经营向集约经营转变。他还提出了统筹城乡经济社会发展和加快城镇化进程的发展思想。① 他提出，要有计划、有步骤地把农业劳动力转移到新兴的小城镇和乡镇企业，这是我国实现农业现代化的必由之路。②

胡锦涛同志创造性地继承和发展了前人的"三农"思想，再次提升了"三农"问题的重要性，把"三农"工作摆在"全党工作重中之重"的位置。胡锦涛同志提出了城乡一体化发展是解决"三农"问题根本出路的思想。他认为"农业丰则基础强、农民富则国家盛、农村稳则社会安"，提出了要促进城乡经济社会统筹发展，实施以工促农、以城带乡与"多予、少取、放活"的促进乡村发展方针，出台了一系列强农惠农的政策，包括取消农业税、增加农民收入、缩小城乡发展差距、建立农村最低生活保障制度和新型农村社会养老保险等。③ 他还着重强调调整农业经济结构，把农业结构的调整放到提高农产品的质量和效益及农业竞争力上来，大力推进农业产业化经营，走市场化发展道路。胡锦涛同志提出，要扎实规划和推进社会主义新农村建设，坚持以经济建设为中

---

① 中共中央文献研究室. 十四大以来重要文献选编［M］. 北京：人民出版社，1997.

② 中共中央文献研究室. 中共十三届四中全会以来历次全国代表大会中央全会重要文献选编［M］. 北京：中央文献出版社，2002.

③ 胡锦涛在省部级主要领导干部建设社会主义新农村专题研讨班上的讲话［N］. 新华网，2006-02-14.

心，协调推进农村社会主义经济建设、政治建设、文化建设、社会建设和党的建设，推动农村走上生产发展、生态良好、生活富裕的文明发展道路的内容，与乡村振兴战略提出的"产业兴旺、生态宜居、乡风文明、治理有效、生活富裕"总要求的精神内核有共同之处。

（三）习近平同志乡村发展思想的理论探索

在当今世界处于百年未有之大变局和中华民族实现伟大复兴战略全局的背景下，根据我国社会主要矛盾的变化，习近平同志旗帜鲜明地提出了乡村振兴战略思想，开启了加快我国农业农村现代化的新征程，是新时代做好"三农"工作的总抓手、新旗帜。在中共中央政治局第八次集体学习时，习近平同志从全面建设社会主义现代化强国的高度，指出了实施乡村振兴战略的科学内涵，明确了推进农业农村现代化的思路、方向和着力点，为我们牢牢把握农业农村现代化这个总目标，准确理解农业农村现代化的时代要求，提供了根本遵循和行动指南。他强调要举全党、全国、全社会之力，推动农业全面升级、农村全面进步、农民全面发展，先通过实施精准扶贫历史性地解决了我国原发性的绝对贫困问题，在脱贫攻坚后，再通过推动乡村产业、人才、文化、生态、组织等方面的振兴，最终实现乡村全面振兴。[①]

习近平同志在延安和正定县工作期间，积累了丰富的基层工作经验和理论素材，增强了其解决"三农"问题的意识，为其乡村振兴战略重要论述奠定了坚实的理论基础和实践基础。他十分重视乡村的发展，在

---

① 中共中央党史和文献研究院. 习近平关于"三农"工作论述摘编［M］. 北京：中央文献出版社，2019.

梁家河工作期间就非常重视为当地老百姓做实事，带领群众大力发展合作农业生产，促进了当地乡村的不断发展。同时，习近平同志也非常重视人才对于推动乡村发展的作用、重视村民的文化活动、重视村规民约的作用、重视对村民的道德教化等问题。习近平同志的一系列推进当地发展的举措无不体现出他在带动乡村发展方面的独到思路。之后他在福建、浙江、上海等地工作期间，又提出了许多有关乡村发展的论述和新观点。进入中央工作以来，习近平同志对"三农"工作依然非常重视，就如何从产业、人才、生态、文化、组织等方面推进乡村发展作出了一系列论述。这些为习近平同志在十九大报告中提出乡村振兴战略重要论述奠定了坚实的实践和理论基础。①

习近平同志提出的乡村振兴战略思想无不体现了新时期中国共产党人的智慧，是站在历史和所处时代高度探索的产物，既继承了前人的智慧，又体现出了创新，还对新时代城乡关系进行了科学定位，将"三农"工作放到了前所未有的高度，首次明确提出了农业农村现代化，对乡村产业发展提出更高的要求，对乡村生态环境保护和开发提出新的要求，首次提出了乡村"三治"的治理思想，对乡村发展的目标和具体任务更加清晰明确，为乡村发展提供了具体的前进方向。

总之，乡村振兴战略是以习近平总书记为核心的党中央在马克思主义思想指导下，在中国共产党历届领导集体的思想和实践基础上，根据国内外形势和现实条件，针对我国农业农村发展实际提出的，是"前无

---

① 中共中央党史和文献研究院. 习近平关于"三农"工作论述摘编［M］. 北京：中央文献出版社，2019.

古人、后无来者的伟大创举"[①]。乡村振兴的道路究竟怎么走，需要我党带领广大人民群众进行不断地探索和实践。

---

① 中共中央党史和文献研究院. 习近平关于"三农"工作论述摘编 [M]. 北京：中央文献出版社，2019.

第二节　中华人民共和国成立以来
乡村振兴演变历程

　　梳理从中华人民共和国成立后乡村建设理论到十九大提出的乡村振兴战略的基本历程可以发现，在不同时期，依据不同时期的现实情况与国家经济发展水平，我国出台与实施了不同的乡村发展政策、方法，"三农"工作均取得了预期的成效。根据时间节点，大体可以将我国乡村发展历程分为五个不同的阶段：一是计划经济体制下的农村改革恢复阶段；二是体制改革深化下乡村飞速发展阶段；三是经济高速增长期的农村经济发展阶段；四是城市反哺农村的城乡统筹发展阶段；五是十八大之后城乡融合发展与乡村振兴战略阶段。

一、中华人民共和国成立以来中国乡村发展历程回顾

　　中华人民共和国成立以来，我国农村实施了土地制度改革、农产品流通体制改革、家庭联产承包责任制的推行、乡镇企业发展、农村税费制度改革、城乡经济社会一体化发展、精准扶贫、乡村振兴等重要政策。本书结合我国农村改革中的重大政策、重要事件与时代特征，对乡

村发展历程的五个阶段进行回顾梳理。

（一）计划经济体制下的农村改革恢复阶段（1949—1977年）

1. 土地制度改革下农村成效初显

新中国成立后，我国经济基础极为薄弱，经济建设与社会发展面临着巨大挑战。国家为了加快发展生产和增强经济实力，实施了一系列政策和改革措施，为"三农"工作奠定了初步基础。推行土地改革运动，颁布并实施《中华人民共和国土地改革法》，将土地收归国有，消灭了几千年来的土地私有制，1949—1953年间，大约有3亿农民完成了土地改革，4690万公顷土地和大量农业生产资料被无偿分配给农民[①]；建立了人民公社制度，将全部农民纳入到人民公社这一体系之中，一起劳动，吃"大锅饭"，公社即是家，家即是公社，公社成为农民的依靠，这些均为农村经济恢复提供了制度上的保障。土地制度的改革充分调动了农民的生产积极性，在较大程度上解放和发展了农业生产力，粮食生产取得了较大增加，粮食总产量从1949年的1.13亿吨增加到1953年达到1.67亿吨，增长47.79%[②]。

2. 农产品流通制度初期实践

土地改革完成后，相对于粮食作物的稳定增收，粮食的消费需求扩张更为迅猛，农产品市场出现供需紧张的问题。为了控制农产品供需失衡的局面，确保基本的生产生活需要，1953年10月，中共中央颁布了

---

① 数据来源：反贫困：CEIC数据库"中国经济数据库"。

② 数据来源：对产业扶贫所取得的主要成就：CEIC数据库"中国经济数据库"。

《关于实行粮食的计划收购和计划供应的命令》，实行农产品的统购统销流通体系。1955年以后，国家出台了一系列政策，除了对粮食的统购统销外，又增加对油料、棉花等经济作物的统购统销，凡是国家规定计划收购的农产品一律不得自由进入市场，全部由国家计划收购，农业发展逐步纳入国家计划经济发展轨道。这一时期基本上是采取农产品计划供给方式，将农产品流通直接纳入国民经济计划中，实质上否定了农产品的商品交换性质，这种非市场化、与市场价格调节机制相违背的做法，限制了农民生产、买卖的自由，在一定程度上抑制了农民农业生产的积极性和主动性。

3. 农业合作组织制度初步探索

农民获得私有土地后，为破解农业生产资料匮乏与劳动力短缺的难题，在坚持"自愿互利"原则基础上，自发建立生产互助组。1951—1958年间，在中央思想方针、政策精神的引导下，农业生产组织从发展土地入股的初级农业生产合作社逐步过渡到土地公有制高级农业生产合作社"政社合一、平均分配"的人民公社的改造，农村土地制度由农民所有制转变为集体所有制。[1]这一时期实施的农业合作化、公社化的生产组织制度，在一定程度上统筹配置了当时有限的农村资源，促进了农村土地规模化经营，但也容易产生"干多干少、干好干坏"一个样的情况，滋生"搭便车"现象从而降低了集体行动的效率。

---

[1] 彭有祥. 新中国建立以来农村改革发展的三个里程碑 [J]. 云南民族大学学报（哲学社会科学版），2009，26（04）：53-57.

（二）体制改革深化下乡村飞速发展阶段（1978—1984年）

1. 农村土地制度改革递进深化

20世纪70年代中后期，党和国家逐步将工作重心转移到经济建设上来，经济社会发展开始迈入正轨，通过对内改革、对外开放，生产力得到了极大释放，人民的生活水平实现了快速提升。在农村地区，通过家庭承包经营制度取代人民公社集体制度，打破"干好干坏一个样"，将集体土地分配到各家各户，同时赋予农民对农业生产的完全自主权，极大地调动了广大农民的劳动积极性，开启了新一轮农村改革的序章，粮食产量不断增加，经济社会实现了快速健康发展。1980年9月，中共中央发布《中共中央关于进一步加强和完善农业生产责任制的几个问题》，以家庭承包为基础、统分统合的合作经济新体制逐步代替了旧的三级所有、队为基础的人民公社体制，极大地释放了农业生产力，促进了农业生产的飞速发展。在家庭联产承包责任制的推动下，总共有1.75亿农户实行包产到户，占所有农业生产责任制中的94.5%。[1]农业总产值由1978年的1117.50亿元增长到1984年的2380.15亿元，年均增长18.83%，增速处于历史最高位；农村居民纯收入从1978年的133.6元增加到1985年的397.6元，实现了197.6%的增幅，农村居民人均消费支出从1978年的116.1元增加到1985年的317.4元，实现了173.4%的增幅，相比之下，同期城镇居民的人均收入和消费支出增幅分别为115.2%和116%，城乡居民人均收入差距由2.57：1下降至1.86：1，城乡人均生活消费支出差距由2.68：1下降

---

① 陈锡文，赵阳，罗丹. 中国农村改革30年回顾与展望［M］. 北京：人民出版社，2008.

至2.12：1，城乡之间的发展差距明显缩小。[①]直至1985年统购统销制度终结，我国农业开始从自给性生产逐渐向专业化、商品化、社会化生产转变，这是一次具有历史意义的转变。随着家庭承包责任制在全国范围内的推行，农业劳动生产效率大幅提高，较大程度上激励了广大农民利用剩余劳力和资金去从事多种经营、分工分业，推动了商品生产的快速发展。这一时期全国农村先后产生的大批专业户、重点户，标志着农村商品生产的蓬勃发展。

2. 农村基层治理体系同步变革

家庭联产承包责任制大范围推行，极大促进了农村基层治理体系和集体经济组织的变革，迈出了我国政治体制改革的"第一步"[②]（张厚安，2018）。1982年年末，家庭联产承包责任制取代了人民公社，人民公社逐渐退出历史舞台，中共中央开始彻底重建乡村治理体系和集体经济组织体系。1983年10月12日，中共中央、国务院发出《关于实行政社分开建立乡政府的通知》，实行"政社分开"，建立乡政府与村民委员会，同时按乡建立乡党委，并根据生产的需要和群众的意愿逐步建立经济组织，具有中国特色的农村基层治理格局初步形成，极大地解放了农村生产力。

---

① 国家统计局国民经济综合统计司编. 新中国五十五年统计资料汇编［M］. 北京：中国统计出版社，2005.

② 张厚安. 深化改革——再从农村出发［J］. 华中师范大学学报（人文社会科学版），2018，57（06）：1-5.

（三）经济高速增长期的农村经济发展阶段（1985—2000年）

1. 农产品流通制度循次而进

在这一时期，通过前几年实行的改革开放与农村联产承包责任制，我国经济发展与人民生活水平实现了大幅度跃升，农村经济社会发展取得了明显成效。1985年1月，中共中央、国务院印发《关于进一步活跃农村经济的十项政策》，不再要求农产品统购统派硬性规定，而是根据实际需要，通过合同订购和市场收购的形式搞活农产品流通。由此，我国农产品流通领域从统购统销方式开始向"政府合同订购一部分，市场自由流通一部分"的双轨制方式转变，大大加快了农产品流通体制的市场化改革进程。1992—1993年，农产品购销全面迈入市场化阶段，农产品统购统销体制基本结束，与社会主义市场经济相适应的购销体制正式形成。①1992年10月，党的十四大确立了社会主义市场经济体制的改革目标，同年，国务院印发了《关于加强粮食流通体制改革的通知》，要求农产品以市场购销为主，合同订购为辅。1998年国务院出台了《关于进一步深化粮食流通体制改革的决定》，提出了实行政企分开、中央与地方责任分开、储备与经营分开、新老财务账目分开的改革，完善粮食价格机制，更好地保护农民的生产积极性和消费者的利益，真正建立起与社会主义市场经济要求和我国国情相适应的粮食流通体制。这一时期，我国农产品流通体制的市场化改革方向已经基本确定，极大激发了农民的生产积极性，为我国农业生产稳定增长筑牢了坚实的基础。

---

① 蔡荣，虢佳花，祁春节. 农产品流通体制改革：政策演变与路径分析 [J]. 商业研究，2009（08）：

2. 乡镇企业的超常规发展与变革

1985年颁布的中央一号文件提出对乡镇企业实行信贷、税收优惠，乡镇企业逐渐开始飞跃式发展。到1987年，乡镇企业异军突起，企业产值首次超过了农业总产值，标志着我国农村经济已经进入了一个新的历史时期。与此同时，大量农民从农业生产中抽离出来，进入乡镇企业工作，乡镇企业迎来了井喷式发展期。仅1990年乡镇企业创造的就业岗位约有9300万个[①]，在很大程度上缓解了农村剩余劳动力的转移难题。1992年农村富余劳动力开始进城务工，大量农村青壮年外出从事非农职业，带动了农民收入增加，1991年、1992年农民人均纯收入中非农收入占比分别达到50.40%、50.66%[②]，巩固了农村经济结构调整的基础。1997年1月1日，《中华人民共和国乡镇企业法》正式实施，明晰了企业产权关系。伴随市场经济发展使得乡镇企业市场竞争压力增大，促使乡镇企业推进产权改制，并逐步实行现代企业制度，防止我国乡村出现衰落。

（四）城市反哺农村的城乡统筹发展阶段（2001—2012年）

1. 农村税费制度大刀阔斧改革促进产业发展

到20世纪90年代末，我国农村税费名目繁多，税费负担较重，使农民背上了沉重的税费负担。随着城乡非农产业的快速发展，越来越多的农业劳动力转移到利益更高的非农部门，农业生产受到严重威胁。为了

---

① 马晓河. 转型与发展——如何迈向高收入国家 [M]. 北京：人民出版社，2017：132.

② 曹子坚. 中国农村改革正在酝酿"第三次浪潮" [J]. 甘肃理论学刊，2005（05）：78-82.

抑制这种不利的局面，我国于2000年在安徽省率先进行农村税费制度改革试点。截至2002年，试点省份扩大至河北、内蒙古、黑龙江等16个省（市、自治区）。2004年，实施降低1个百分点农业税税率，取消除烟叶外的农业特产税，至2005年，全国28个省（市、自治区）及河北、山东、云南三省的210个国家扶贫开发重点县全部免征农业税。2006年1月1日，我国正式全面取消农业税，从此，在中国延续2600多年的"皇粮国税"正式退出历史舞台。同时，还落实了良种、农机、特种养殖、农资综合、最低保护价等众多补贴政策，由国家财政直接给予农户补贴。总的来说，农村税费改革是中华人民共和国成立以来继农村土地改革、实行家庭承包经营之后的又一重大改革。进行农村税费改革，依法调整和规范国家、集体与农民的利益关系，将农村的分配制度进一步纳入法制轨道，堵住了加重农民负担的口子，农村干群关系得到了明显改善，促进了农村经济发展和农村社会稳定，为建立有利于逐步改变城乡二元经济结构的体制机制、加快形成城乡经济社会发展一体化新格局奠定了制度基础。

2. 统筹城乡经济社会一体化发展

进入21世纪以来，伴随着农业税的取消，地方政府财政压力加大，城乡之间的基本公共服务规模与质量的差距也在不断拉大。随着工业化、城市化的快速推进，城乡经济社会发展不平衡、城乡收入差距拉大等问题日益突出，2001—2003年，城乡居民收入差距从2.9∶1拉大至3.26∶1，城乡居民消费差距从3.05∶1拉大至3.35∶1，城乡基础设施、公共服务等方面的差距同样十分明显。针对中国城乡发展不平衡状况和严重的二元结构导致经济社会发展的突出矛盾，2004—2012年连续9年发布以"三农"为主题的中央一号文件。党的十六大正式提出"统筹城乡经济社会发展"的思路，以打破城乡二元结构。党的十七大确立了"以工促农、以城带乡"的改革基调，强调实现基本公共服务均等化，推动城乡基础设施一体化以及城乡平等就业，逐步建立统一的城乡劳动力市场、住房与社会保障制度。同时，通过实施西部大开发、社会主义新农村建设等一系列重大战略，开创了城乡一体化发展新格局。从2003年起开始建立覆盖全国的新型农村合作医疗制度；2004年起，在全国范围内先后开展了自然村通公路（含桥梁）、电力、自来水、电话与互联网、有线电视的"村村通"工程；2009年开始试点并逐步推广新型农村社会养老保险，以及加快建设农村社会保障体系。[①]统筹城乡一体化发展，为我国农村经济社会发展带来了巨大变化，农村发展迎来了改革开放以来第二个"黄金时期"[②]。经过不断的努力与探索，我国农民的收入实现了连续快速增长，农村基础设施不断改善，公共服务不断完善，农村发展活力不断增强，农村社会保持和谐稳定的发展。

国家采取的一系列"惠农"政策对促进农业增效、农民增收、农村环境改善、提升农村居民抵御疾病风险能力、加强农村老年基本生活保障等都具有划时代的积极意义。然而，由于农村基础薄弱，尚未根本解决区域经济不平衡、城乡经济不协调等问题，也没有从根本上减缓城乡发展的差距，大量农村青壮年劳动力流入城镇，农村"386199""空心

---

① 俞凌欣. 1949年以来中国农村发展回顾与展望［J］. 农业展望，2013（12）：25-30.

② 宋洪远，赵海，徐雪高. 从积贫积弱到全面小康——百年以来中国农业农村发展回顾与展望［J］. 中国农村经济，2012（01）：4-15.

化"等现象随着时间推移反而更加突出。

（五）十八大后城乡融合发展与乡村振兴战略实施阶段（2013年至今）

1. 精准扶贫助力实现全面小康

党的十八大报告提出加快完善城乡发展一体化建设，促进城乡要素的平等交换和公共资源均衡配置，形成以工促农、以城带乡、工农互惠、城乡一体的新型工农、城乡关系。十八大以后国家对"三农"问题的重视达到了前所未有的高度，2013年习近平总书记在湖南湘西花垣县十八洞村考察时提出了"精准扶贫"，同年国务院制定出台了《建立精准扶贫工作机制实施方案》，由此在全国范围内拉开了精准扶贫工作的序幕，各地各部门齐抓共管、密切协作，社会各界力量积极参与、协同攻坚，形成了政府主导、社会支持与农民参与相结合的中国特色扶贫开发道路，依靠村级区域与贫困人口的高精度瞄准，实现了"对症下药、靶向治疗"，反贫困成效显著。[①]到2020年年末，农村9899万贫困人口全部脱贫，困扰中华民族几千年的绝对贫困问题得到了历史性解决，我国也提前10年实现了联合国2030年可持续发展议程确定的减贫目标。

2. 乡村振兴呼唤改革向纵深发展

尽管精准扶贫彻底解决了我国乡村的绝对贫困问题，但相比城市来说，乡村发展依然滞后、农村空心化问题、乡镇企业三废排放、农业面

---

① 曹子坚，卢楷. 基于精准扶贫动态流程的扶贫成本核算［J］. 统计与决策，2020（05）：42-46.

源污染、大气污染等问题依然严重，严重损害了乡村景观与生态安全。[①]
农村集体经济依然薄弱、产业组织化程度较低、农产品加工层次低、产
业发展长效机制缺乏等问题仍然突出，乡风文明与乡村有效治理更是明
显不足。

城乡、区域发展不平衡、不协调这一结构性矛盾尚未得到根本性
解决，随之而来的乡村主体逐渐老弱化、乡村产业低层次、生态环境脆
弱、有效治理能力羸弱等问题仍有待加强。[②]这些问题抑制了农业农村的
发展，从而也导致城市进一步发展的动能不足。为了解决这些问题，中
央审时度势，在十九大报告中明确提出了乡村振兴战略，2018年中央一
号文件发布了《关于实施乡村振兴战略的意见》，进一步对乡村振兴进
行了全面战略部署，明确了"产业兴旺、生态宜居、乡风文明、治理有
效、生活富裕"的"三农"工作总目标，以农业供给侧改革为抓手，持
续深化农村土地制度、农村产权制度改革，继续派遣乡村振兴工作队，
引进和培育新农人，扶持发展优势特色产业，充分利用乡村生态文化优
势，挖掘乡村发展潜力，重塑经济、社会、文化、组织、生态价值，更
好地促进城乡融合发展。从时间、空间和思想维度上综合推进乡村发展
的新思路，逐渐实现由城乡统筹发展向城乡融合发展的战略转变。[③]

① 王永生，刘彦随. 中国乡村生态环境污染现状及重构策略［J］. 地理科学
进展，2018（05）：710–717.

② Liu J, Liu Y, Yan M. Spatial and temporal change in urban–rural land use
transformation at village scale–A case study of Xuanhua district,North China[J]. Journal of
Rural Studies, 2016, 47（06）：425–434.

③ 朱红根，宋成校. 乡村振兴的国际经验及其启示［J］. 世界农业，2020
（03）：4–11.

二、中国农村发展的基本经验

在新中国成立后70多年的乡村发展历程中，党中央与各级政府根据不同时期的时代背景和农村特征，对"三农"问题始终保持高度关注和扶持，使农村经济社会发展取得了历史性跨越发展，使农村经济社会发展水平不断提升，"三农"问题取得了明显成效，积累了非常丰富的理论与实践经验。概括起来，就是"一个根本、两个保障、四个结合与五个目标"的多位一体化乡村建设模式。

（一）坚持一个根本：加快推进经济建设与发展

经济基础决定上层建筑，经济发展是一切发展的根本，也是农村发展最重要的着力点。70多年以来，国家先后实施土地改革、家庭联产承包责任制、改革开放、乡镇企业发展等体制机制改革，以及五年发展规划、三线建设等国家战略，将经济发展作为执政兴国的第一要务，持之以恒，经济社会基本实现了健康快速可持续发展。经济的快速增长强化了政府财力、提供了更多的就业机会，使国家与地方政府可以将更多的资源用于农业农村发展建设上来，例如取消农业税、实施精准扶贫与乡村振兴等。对比中华人民共和国成立以来乡村发展的五个不同阶段可以发现，我国成立初期由于经济基础薄弱，国家只能将有限的资源用到部分农村地区，农村改革也是先在部分农村实行，在工业化初期，甚至还在很长一段时期实行"农业支持工业""农村支持城市"的发展战略；改革开放后，经济发展迅速，国力迅速增强，国家可以将更多的资金、人力与物力投入到农村建设上，经过多年的累积和发展，我国经济的整体发展水平已经初步具备了工业反哺农业的财力和条件，党中央、国务院适时作出了"以工促农、以城带乡"的发展阶段重大判断，并依据国情，自2004年开始连续出台了支持"三农"的中央"一号文件"。进入21世纪后尤其是十八大之后，国家对"三农"问题的重视程度进一步加强，将更多的资源投入到农村，实施"精准扶贫"和"乡村振兴"战略，促进了农村经济社会快速发展，为实现农业农村现代化打下了坚实的基础。

（二）提供两个保障：物质保障与政治保障

1. 物质保障

经济发展是一切发展的根本，物质投入更是农业农村发展投入的根本，是农村发展投入的最直接形式，也是农村发展的物质保障。中华人民共和国成立到现在，我国通过制定实施一系列专项农村发展支持计划，动员全社会广泛参与支持农村建设与发展，无论是通过转移支付、直接发放物资还是基础设施建设，物质投入一直是最重要的环节。通过财政支农资金、扶贫资金、农户小额信贷、企业投资等各类资金的不断投入，有效整合各种支农资金，支持和引导社会资金注入农村产业发展中，壮大了农业产业生产的资本规模，有效助推了农业产业化经营与市场化运作。通过强化对农村发展的投入，改善农村基础设施服务能力，使得教育、医疗、卫生等社会公共事业实现了快速发展，增加了人力资本积累，从而进一步改善了农村发展的条件，对吸引资本下乡起到了重要作用，也为农村经济社会发展提供了坚实的物质保障。

2. 政治保障

1949年以后，我国先后出台实施了一系列有利于农村发展的政策方针，形成了解决"三农"问题的制度体系，这些政策方案为"三农"工作的持续推进提供了政治保障。如20世纪50年代初，我国家完成了农村土地制度的变革，明确了农民对土地的所有权。1978年的十一届三中全会之后又建立家庭联产承包责任制取代了人民公社制度，确立了农民对土地的完全自主权，调动了广大农民的生产积极性，农业生产能力得到了极大释放，从根本上消除了制约农村发展的根源。此外，我国还通过出台多项政策构建了社会保障制度、义务教育制度、卫生保健制度等。其中影响较大且意义深远的政策包括：1982—1986年连续5年、2004—2020年连续17年聚焦"三农"问题的中央一号文件，2002年政府战略性、前瞻性地提出并贯彻运用于"三农"工作全过程的"多予、少取、放活"政策方针，2008年确定的"以工促农，以城带乡"的改革基调，2013年出台的《建立精准扶贫工作机制实施方案》，2018年启动实施的乡村振兴战略等。此外，先后实施各种农业发展补贴、农产品流通市场化改革、农业税全面取消、农民工就业保障制度、农村公共设施完善、教育费用减免、农村金融体制改革、农村最低生活保障制度、新型农村合作医疗制度与新型农村社会养老保险制度等惠农政策，构建起覆盖产权保护、土地承包、乡村治理、生态保护、金融支持、法制建设等改革制度框架。[1]实践证明，国家通过制定实施这些制度政策，一方面促进了农村经济与社会发展，另一方面保障了农民的基本合法权益，为乡

---

① 宋洪远. 中国农村改革40年：回顾与思考［J］. 南京农业大学学报（社会科学版），2018（03）：1-11.

村经济社会全面发展提供了制度保障和农村全面实现现代化奠定了制度基础。

（三）实施四个结合：政府主导与市场化改革、渐进改革与全面深化、外部帮扶与自力更生、制度创新和科技创新相结合

1. 坚持政府主导与市场化改革相结合

中华人民共和国成立以来，实施的一系列乡村发展支持政策都是为缩小区域和城乡发展差距、消除贫困，进而实现共同富裕的战略性举措，也是党和政府主动承担以来的历史责任。我国始终高度重视"三农"工作，以政府部门为主导，将"三农"问题作为国民经济与社会发展的重要内容列入中长期规划，并且设立了从中央到地方的农业农村发展领导小组，构建了一个主要依靠行政力量自上而下推进的农业农村发展支持管理体系。同时，将市场化当作乡村产业发展的一个重要组成部分，我国农业农村改革成功的关键还在于政府在保障"谷物基本自给、口粮绝对安全"的前提下，始终坚持市场化改革方向。坚持不懈探索具有中国特色社会主义市场经济体制的"更优解"，科学处理政府与市场的辩证关系，通过以市场化手段解决农村发展中的资源配置问题。包括：党的十五大提出的"使市场在国家宏观调控下对资源配置起基础性作用"、十七大提出的"从制度上更好发挥市场在资源配置中的基础性作用"、十八届三中全会提出的"使市场在资源配置中起决定性作用"。通过政府部分主导和党在不同阶段对社会主义市场经济发展规律认识的不断深化，充分发挥"看得见的手"和"看不见的手"协同指导农村经济社会发展，是非常有效且具有中国特色的解决"三农"问题的

模式。

2. 坚持渐进改革与全面深化相结合

农业农村改革涉及宏观和微观的方方面面，再加上我国农村具有范围广、人口多、基础差、城乡差距大等特征，这些因素决定了我国的农村发展改革历程必须走渐进式的。渐进式主要体现在随着国民经济的发展和城乡发展的变化，我国不断调整自身的农村开发思路与政策，从而更加适应农村的现实状况，实现"三农"工作效益最大化。党和政府在谋划推进农业农村发展改革的顶层设计中，始终坚持以"我国仍处于并将长期处于社会主义初级阶段"这一基本国情为出发点，立足我国社会所处的时代背景，审时度势，扎实推进"由点到面、试点先行"的渐进式改革。在这些思路和政策的衔接上都是渐进式的，没有出现根本性的转变，这也保证了我国"三农"工作的延续性。针对试点改革成功的样板，果断摈弃不适宜的旧政策，及时规范、完善与推广试点成果，不断深化拓展改革领域，筑牢农业农村可持续发展的根基，形成具有中国特色社会主义的渐进式改革道路。例如，我国农村土地制度、家庭联产承包责任制、农村税费、农产品流通体制等改革的不断推进和深化。农产品流通历经统购统销体制、双轨制、国家宏观调控下的自由市场购销体制到基本实现市场化，持续激发农民生产的积极性。农村税费改革试点从安徽省开始，逐渐向河北省、黑龙江省等16个省（市、自治区）拓展，最终在全国实行。近年来，农村试行的"三变"改革（即资源变资产、资金变股金、农民变股东）亦是如此。这些具有中国特色的农村发展改革为我国解决"三农"问题起到了举足轻重的作用，同时也为全世界落后地区的农村发展和改革提供了非常有借鉴意义的案例与样本。

3. 坚持外部帮扶与自力更生相结合

中华人民共和国成立以来的70多年里，我国对农村发展的帮扶经历了政府和社会力量的帮扶与农民主体自力更生发展相结合的基本历程。改革开放之前，由于受国家财政、现实条件和思想束缚所困，我国的农村发展基本以农民自力更生为主，政府和社会力量帮扶较少，农民在遵循"自愿互利"原则的前提下，自发组建生产互助组，通过超常规的劳动投入替代资本投入，整合有限资源实现最大限度开发，带动农业生产的初次跨越发展。[①]自20世纪80年代起，随着乡镇企业的逐步发展壮大，在土地产出内在约束与工农剪刀差价格外部限制下，许多农民流向非农部门务工，倒逼农村经济结构的调整。改革开放以来，尤其是十八大以来，在"精准扶贫"政策的号召下，政府和社会力量明显加大了对农村经济社会发展的支持，农村基础设施和公共服务不断完善，不仅吸引了一些社会资本流入农村支持农村经济社会发展，而且还有部分农户可以通过获得优惠的信贷资金从事农业生产经营，加速了乡村的振兴步伐。如果没有外部力量的帮扶，仅靠农村自身的能力难以解决基础设施和公共服务"搭便车"问题，城乡的发展差距只会越来越大。反过来，如果仅靠外部支持，没有农民主体的主动参与，农村发展的内生动力无法调动，外部帮扶的作用也将会大打折扣。只有通过外部帮扶与自力更生相结合，实现外因和内因的有机结合，才能更好更快地解决农村发展的"肠梗阻"，农村经济社会才能更加健康快速地发展。实践证明，坚持这个思路是正确的和成功的，必须长期执行下去。

---

① 卢楷. 主体能力视域下的乡村振兴：历史演进、现实基础与发展趋势［D］. 兰州大学硕士学位论文，2021.

4. 坚持制度创新和科技创新相结合

中国是一个典型的人多地少的国家，决定了我们必须依靠农业技术创新来推动农业生产效率的提升。然而，由于新中国成立初期，经济发展还很落后，大多农民只能在有限的土地上谋求生存，农业生产技术创新难以实现。随着经济社会的不断发展，大量的农村劳动力从农业生产中解放出来，青壮年劳动力流向城市非农部门务工，以致农业劳动力出现紧缺，这促使农村进行制度创新，不断带动了农村土地、家庭联产承包责任制、"三权分置"、股份制等一系列制度创新，有效盘活了农村土地等资源，加速了农村土地流转，逐步实现了农产品市场化经营，促进了农业集约化、规模化、产业化发展，大大提升了农业生产效率。制度创新的推进加速了农地流转和农业规模化的进程，而农业规模化的推进是紧缺的传统劳动力难以胜任的，必然要求加快农业技术创新。尤其是改革开放以来，国家非常重视农业科技创新。农田耕作机械化，农产品加工流水线化，农业生产技术已经在农地耕作、水利灌溉、作物栽培、动物养殖、种苗繁育、肥料生产、灾害防治、气象预警、生态环境保护等方面得到了广泛应用。科技创新支撑农业农村发展的作用不断增大，农业生产逐渐由传统的人工、畜力劳作迈向现代智能化、机械化劳作，1952年至2018年间，全国农业机械总动力从18.4万千瓦增长至10.0亿千瓦。①近几年来，我国农业科技发明专利申请量增速迅猛，农业科技进步贡献率由2012年的53.5%提高到2017年的57.5%，2014—2016年农业领

---

① 卢楷. 主体能力视域下的乡村振兴：历史演进、现实基础与发展趋势［D］. 兰州大学硕士学位论文，2021.

域专利申请量高居世界第一。①农业生产技术的创新必须以制度创新为前提，科学的制度创新要符合时代背景、资源、文化、技术等所引起的诱致性机制，而强制性制度变迁只有符合诱致性机制才能真正促进农业生产发展，提升农业生产效率，否则会适得其反。因此，在进行农业生产技术创新的同时，必须更好地进行农村发展制度创新。

（四）实现五个目标：推进农村经济、政治、文化、生态与社会全面发展

乡村振兴是一项长期的、复杂的系统工程，需要从多方面发力。要想从根本上解决"三农"问题，就需要从多方面入手，实现乡村的全面发展。1949年后到改革开放前，由于国家的实力有限、农村范围大、农村底子薄，国家为了快速恢复经济发展，把主要精力放在工业发展上，农村发展问题不得不放在次要位置。因此，这一时期，农村的发展更多是为了支持工业的发展。改革开放后，我国的经济实力得到了迅速提升，国家开始有足够的资源用于农村的经济社会发展。"八七扶贫"期间，国家在加快农村经济建设的同时，积极发展科教文卫事业，特别重视基础教育、职业技术教育与实用技术培训，有效地促进了农村经济社会的全面发展。从十六届五中全会提出建设社会主义新农村的重大历史任务以后，我国就将推进农村经济政治文化生态社会全面发展当作农村发展工作的主要目标，为当时和以后的农村工作指明了方向。

在经济建设上，加快发展农业和农村经济，鼓励集体经济和多种所有制经济共同发展，通过兴修水利、发展乡镇企业、科技人员下乡进

---

① 蒋建科. 中国农业发明专利申请量全球第一［N］. 人民日报，2018-09-26.

行技术培训等方式，使农业物质技术条件取得较大改善，同时加快转变了农业生产增长方式，农业综合竞争力明显增强，大大提升了农村经济发展的活力与潜力。在政治事务上，不断增强农民群体的话语权和影响力，给予农民群体最大限度的政治权利。

在文化上，通过加大资金扶持力度，建设了一大批农家书屋、村民文化活动广场、文化娱乐中心等，不断丰富贫困地区群众的精神文化生活，让贫困地区的人民不但吃得饱、穿得暖，还活得好。

在生态环境保护上，强化农村生态环境保护，发展节约型农业、循环农业、生态农业，加强农业面源污染治理，促进农业可持续发展。党的十八大以来，将生态文明建设纳入我国特色社会主义事业"五位一体"总布局，坚持生态优先，推动形成绿色发展方式和生活方式。

在社会发展上，不断加大教育、卫生的支出力度，通过兴建学校、乡镇卫生院等基础设施，提升教师和医生的福利待遇，推行义务教育制度等方式，提升农村的教育医疗水平，农民整体素质得到了大幅度提升；同时，着力实施社会保障制度，普及农村最低生活保障制度、农村社会养老保险和基本医疗保险。这一系列举措，使得农民彻底摆脱了看病难、上学难、住房难、养老难等社会问题，在更大程度上推进了农村经济、政治、社会、生态和文化的全面可持续发展。

03

第三章
实施乡村振兴战略的必要性与现实基础

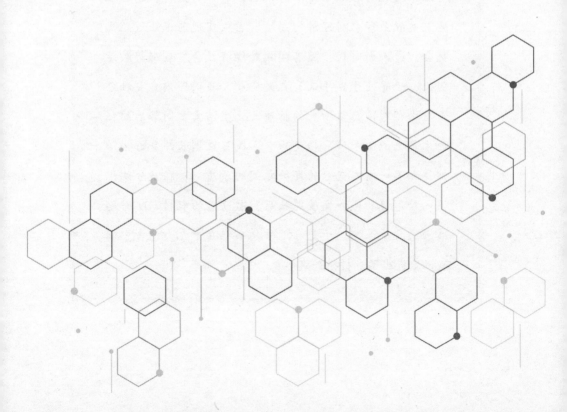

为打破农村"干好干坏一个样"的发展困局，提升农民对农业生产的积极性和主动性，在农村内部大胆探索与实践，创新性地提出了家庭联产承包责任制，开启了农村改革的第一次浪潮。家庭联产承包责任制的实施使农业生产得到快速发展，逐渐出现了大量的农村剩余劳动力。为了把农村大量过剩的劳动力从农业生产中解放出来，进一步提高农业生产效率，又创造性地提出了发展乡镇企业，掀起了农村改革的第二次浪潮，农民既有联系又相对独立于城市和工业经济，自主性、创造性地翻越农业和农村经济的高墙，首次实现与工业近距离交会。进入新时代，随着国内外经济社会发展形势激荡变化，世界处于百年未有之大变局，我国国内主要社会矛盾由"人民日益增长的物质文化生活需要同落后的社会生产之间的矛盾"转变为"人民日益增长的美好生活需要和不平衡不充分的发展之间的矛盾"，在充分认识国内外形势和城乡发展现状后，激荡着的农村酝酿兴起第三次改革浪潮，于是习近平总书记在十九大报告中创造性地提出了乡村振兴战略。

第一节　实施乡村振兴战略的必要性

乡村振兴战略是党中央基于我国社会主要矛盾的变化和顺应新时代发展要求提出的具有建设性的战略构想，是新时代关于"三农"问题的总战略，对于化解主要矛盾、防止乡村衰败、建设社会主义现代化强国等具有十分重要的战略意义，也是实现"两个一百年"奋斗目标和中华民族伟大复兴中国梦的必然要求。

一、化解我国社会主要矛盾的必然选择

乡村振兴战略是化解新时代主要矛盾的必然选择。虽然近些年我国广大群众的温饱问题已经得到了解决，但随着经济社会的快速发展，人民群众对更好物质生活、更高精神生活、更美生态环境、更加安全的社会环境、更加公平法治等的追求越来越迫切，要满足广大农民的这些需求，就必须立足于农业发展、农村繁荣和农民富裕的基础之上。但从现实情况来看，农村经济社会发展仍难以满足人民群众日益增长的美好生活需要。与此同时，虽然我国已经整体上实现了小康，但是城乡居民收入不平衡，不同村落、即便是同一村庄的农民之间的收入也不平衡，区

域发展不平衡、发展不充分的问题仍然比较突出，阻碍了经济社会进一步发展的步伐。扭转城乡发展不平衡不充分的局面，正是党中央提出实施乡村振兴战略的初衷。①改革开放以来，我国农村发展状况得到较大改善，但二元结构所带来的城乡结构性矛盾依然存在，城乡发展不平衡、农业和农村发展不充分的问题仍然非常突出。目前，我国城乡发展不平衡主要表现在城乡差距扩大化、乡村发展边缘化与治理空心化。第七次人口普查数据显示，截至2020年，我国仍有50979万人居住在乡村，占36.11%。未来一段时间内，我国仍将有大量的人口生活在农村。根据中国统计局公布的数据显示，2020年我国城镇人均可支配收入为43834元，农村居民人均可支配收入17131元，城乡收入比为2.56∶1，城乡居民消费支出比为1.97∶1，城乡发展差距依然较大。与此同时，经济底子薄弱、基础设施发展滞后、公共服务供给不足等情况依然阻碍农村进一步发展。乡村发展不充分、不平衡在很大程度上抑制了农村居民生活幸福感和获得感的提升。广大农民也渴望美好生活，也渴求内在的自由发展。大量理论和实践经验表明，城市的发展可以解决部分农村人口的发展问题，要让农民真正过上美好生活，强化农村内生发展势在必行。②

---

① 张新文，张国磊. 社会主要矛盾转化、乡村治理转型与乡村振兴［J］. 西北农林科技大学学报（社会科学版），2018（03）：63-71.

② 陈龙. 新时代中国特色乡村振兴战略探究［J］. 西北农林科技大学学报（社会科学版），2018（03）：55-62.

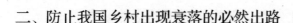

二、防止我国乡村出现衰落的必然出路

乡村振兴战略是防止新时代乡村出现衰落的必然出路。在长期的发展进程中，我国城乡发展差距一直较大，乡村发展的滞后也严重抑制了我国现代化步伐的加快。城乡发展的不平衡和差距的拉大，使得大量乡村人口流向了城市，导致农村"空心化"现象严重。随着我国工业化、城镇化的不断加快，城市对乡村发展的"虹吸效应"也十分明显。一是农村人口空心化。随着大量农村青壮年劳动力外出务工，农村劳动力空心化十分严重，导致了农村产业劳动力严重不足。青壮年劳动力外流，村级管理人才空心化，导致乡村治理能力难以提升。二是农村环境治理难度大。一方面，农业面源污染和农村生产生活垃圾污染仍然形势严峻，目前我国农业生产主要依靠化肥和农药来保持农业生产的发展，大量化肥、农药、除草剂等的使用确实促进了农业增产增效，但是恶化了农村生态环境，使农业生态变得更加脆弱。同时，大量农村人口流向城镇，村庄住房空心化十分严重，建新不拆旧现象较为普遍，一些旧房屋破旧不堪，严重影响了农村生态环境的治理。另一方面，城市和工业污染向农村渗透也比较严重，工业"三废"甚至直接排放到农村。三是乡村文化日益凋零。随着大量乡村人口外流，受现代文化的影响，乡村传统优秀文化日渐衰败，再加上村庄集体空间的萎缩，健康的乡村公共文化活动缺乏，大量留守乡村的人员文化娱乐活动基本只有打扑克、搓麻将等，村庄文化生活极其贫乏。而乡村振兴的目标就是要促进乡村产业发展吸引人才回流、加强生态与文化建设等，防止乡村出现衰落，加快实现乡村的现代化。

三、全面建设社会主义现代化强国的必然要求

全面建设社会主义现代化强国最艰巨最繁重的任务在农村，最广泛最深厚的基础在农村，最大的潜力和后劲也在农村。"中国要强，农业必须强；中国要美，农村必须美；中国要富，农民必须富。"社会主义现代化是整体的现代化。①如果"三农"问题没有得到有效的解决，那么社会主义现代化强国建设也只是空中楼阁。长期以来，我国实行农村补贴城市，农业补贴工业，虽然促进了工业化和城镇化的快速发展，但农业农村的发展则相对滞后，再加上我国农业人均耕地面积不足4亩，土地资源细碎化现象较为严重，因此难以适应现代农业发展的需要。而农业农村的滞后也不利于工业化城镇化的升级。为了有效实现改善城乡发展状况，必须实现"五化"同步，而目前我国农业农村发展明显处于短板，为了实现同步发展，乡村振兴战略明确提出要优先发展农村农业，也就是说，在未来的发展进程中，工业化、城镇化、信息化、绿色化等要更多地着眼于农业和农村，逐步补齐农业和农村现代化的短板，只有这样，才能真正实现建设中国特色社会主义现代化强国的战略目标。

① 陈龙. 新时代中国特色乡村振兴战略探究［J］. 西北农林科技大学学报（社会科学版），2018（03）：55-62.

第二节　乡村振兴战略的现实基础

乡村振兴战略是在充分认识国内外形势和实施条件下，针对我国乡村发展现状的客观需求而提出的。

一、时代背景呼唤

实施乡村振兴战略是新时代化解我国社会主要矛盾的迫切需要。新时代我国社会的主要矛盾由"人民日益增长的物质文化生活需要与落后的社会生产之间的矛盾"转变为"人民日益增长的美好生活需要和不平衡不充分的发展之间的矛盾"。而城乡发展不平衡是目前最大的发展不平衡；农村发展不充分是当前最大的发展不充分。目前，我国农业发展仍然比较滞后，农业经营主体培育不足，组织化、规模化程度较低，利益联结机制不够健全，科技支撑水平不足，产业持续性较差，农村"空心化"现象依然比较严重。与此同时，在新时代，当今世界正面临百年未有之大变局，国与国之间竞争更加激烈，保护主义势头正在兴起，国际贸易面临诸多挑战，外部需求环境空间面临压缩，如何更好地提高内需和寻找新空间迫在眉睫，而我国乡村需求空间仍然巨大，截至2020

年，我国仍有5.1亿人口居住在农村。因此，补齐农村发展短板关系到我国能否全面实现现代化。

乡村振兴战略的实施为全球解决"三农"问题贡献出中国智慧和中国方案。从全球范围来看，随着工业化、城镇化进程的加速推进，农村发展滞后导致的乡村"空心化"等已成为亟待解决的普遍问题。早在20世纪中叶，欧美等西方发达国家就进入了城镇化高级阶段，此后乡村人口源源不断流向城镇，导致乡村人口与产业空心化、房屋空置、耕地荒弃等问题的出现，部分乡村发展的活力和动力日渐衰竭。在东亚地区，日本工业化和城市化过程中也出现了乡村"过疏化"现象。① 而发展中国家面临的问题则更加严峻，虽然城市发展不充分，但由于体制机制的不健全仍出现大量乡村人口涌入城市，形成城市贫民窟；同时，大量农村青壮年劳动力的流失，使得农业生产劳动力紧缺，农业产业发展落后，农村经济衰败，导致农村社会发展局势动荡。改革开放以来，通过一系列农村改革，我国已取得了举世瞩目的伟大成就，提供了一个值得许多国家学习的样本。习近平总书记指出："迄今为止，还没有哪个发展中大国能够解决好农业农村农民现代化问题。我们干好乡村振兴事业，本身就是对全球的重大贡献。"② 因此，实施乡村振兴战略既是新时代我国国情要求，也是基于全球形势判断的战略需求。

---

① 张海鹏，郜亮亮，闫坤. 乡村振兴战略思想的理论渊源、主要创新和实现路径 [J]. 中国农村经济，2018（11）.

② 中共中央党史和文献研究院. 习近平关于"三农"工作论述摘编 [M]. 北京：中央文献出版社，2019.

二、现实条件具备

实施乡村振兴战略不是凭空想象的，而是根据我国现有基础条件做出的判断，即党领导下的制度优势、坚实的经济基础支撑和技术发展条件的支持。

（一）党领导下的制度优势

"办好农村的事，实现乡村振兴，关键在党。"一直以来，党管农村工作是我们的优良传统，中华人民共和国成立以来，党领导下的农村在土地、反贫困、社会保障等各项改革取得了巨大成就，使我国农村发展不断迈向前进。中国共产党代表中国最广大人民的根本利益，党管"三农"的政治优势，是乡村振兴战略提出和实现的政治条件，尤其是农村基层党组织在农村各项工作中居于核心地位。习近平总书记指出："农村政策千条万条，最终都得靠基层干部来落实。"[①]正是在党的领导下，我国农村土地改革才能得以顺利推进，农村土地农民集体所有才会不动摇，农村基本经营制度才能得以延续，这是有效防止农村贫富差距拉大、实现共同富裕的根本制度。坚持稳定土地承包关系并长久不变，让农民吃上"定心丸"，是乡村振兴战略提出和推进的制度基础。

（二）坚实的经济基础支撑

坚实的经济基础是支撑乡村振兴推进的根本前提。改革开放以来，

① 中共中央党史和文献研究院. 习近平关于"三农"工作论述摘编［M］. 北京：中央文献出版社，2019.

我国的经济取得了飞速发展。截至2020年，全年国内生产总值为1015986亿元，突破100万亿，人均GDP也超过11000美元，继续向中等发达国家行列前进，全国居民人均可支配收入达到32189元，从1979年至2020年实际平均增长8.2%，城乡居民生活水平显著提高。改革开放40多年以来，农村经济状况发生了翻天覆地的变化，农业发展取得了巨大进展，第一产业国内生产总值从1978年的1018.5亿元增长到2020年的77754.1亿元（具体情况见图3-1），1979年至2020年第一产业国内生产总值平均增长率为4.3%。科技已成为农业农村经济社会发展最重要的驱动力，2020年我国农业科技贡献率达到60.7%，农作物耕种收综合机械化率达到71%；农民收入水平显著增长，农民收入从1978年的133.57元增加到2020年的

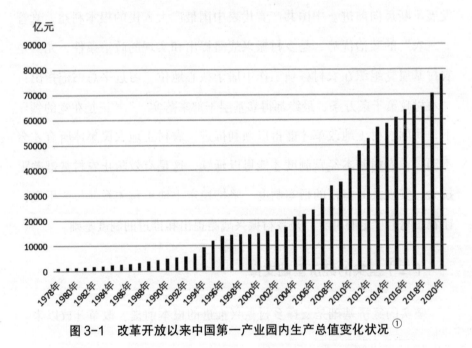

图3-1　改革开放以来中国第一产业园内生产总值变化状况①

---

① 数据来源：中国统计年鉴（1999-2001）.

17131.5元，农民消费支出从1978年的116.06元增加到2020年的13713.4元，农村居民家庭恩格尔系数从1978年的67.7%下降至2020年的32.7%；城乡融合发展取得新进展，城乡居民收入比由1978年的2.57：1下降到2020年2.56：1。改革开放以来，我国经济取得巨大发展，农村经济发展的持续向好，是乡村振兴战略实施的经济基础和根本前提。

（三）技术发展条件的支持

当前，新一轮科技革命与产业变革方兴未艾，正深刻影响着经济社会运行方式、国际竞争范式和世界格局发展走势。物联网、5G、大数据、人工智能、生物技术、环保技术等将对社会产生深刻影响，重塑全球生产、消费、运输与交付体系势在必行，新产业、新业态、新经济也将随之应运而生。新型技术创新转化成果被广泛应用于改造和提升传统农业，农业机械化和现代信息技术的广泛应用，为有效提高土地资源利用率和提升农业经营效率带来了极大便利，为农产品品质稳定提升、农业生产成本降低、环境污染的治理等创造了良好条件。自动化、智能化和精细化的技术发展为农业农村发展积蓄力量，为农业新产品、新业态、新模式带来较大空间。相较于城市和其他产业，农村和农业在现代技术创新上有更大的利用空间，对农村经济社会实现跨越式发展与弯道超车形成了有力支撑。

一直以来，数字鸿沟被视为阻碍落后地区和弱势群体发展的关键因素，长期以来在我国农村农民中广泛存在，如今正在被逐渐消除，信息不通的历史将不复存在。据2020年中国乡村数字发展报告显示，98%的行政村已经通宽带，5G网络建设也已经在广大乡村地区稳步推进，信息技术在乡村深度应用的基础设施条件已经逐步成熟。在国家大力推进科技技术创新下，数字技术的广泛应用，在产业发展、人才引进与培育、生态环保、文化繁荣、社会发展等方面给乡村振兴带来巨大机遇与广阔空间。

三、客观需求引领

乡村振兴战略的提出是基于现实的客观需求，即为过剩的城市资本寻找新的出路，提升乡村绿水青山禀赋的价值，改变乡村发展困境状况。

（一）过剩资本的出路选择

近些年，中国人民银行持续实行适度宽松的货币政策，一系列降息、降准操作使得市场保持较为宽松的流动性，但投资对GDP的贡献率却有显著的阶段下行趋势。2010年资本形成总额对GDP的贡献率为63.4%，2011年至2019年下降至20%～54%之间，2015年陡然下降至22.6%，2016年至2019年维持在31%～45%水平。[①]近几年来，随着中央坚持房住不炒，对房地产调控一直较严，在今后房地产业很难作为刺激经济发展的动力，而资本市场的流动性过剩，资本在城镇追逐高额利润的空间渠道越来越窄，在乡村探寻利润最大化成为一条新的出路。而乡村振兴战略的提出，作为新时代"三农"工作的一个全局性、前瞻性的

---

① 数据来源：中国统计局. 中国统计摘要2020［M］. 北京：中国统计出版社，2020.

战略布局，其重要性决定了乡村发展的空间和前景巨大。随着《关于实施乡村振兴战略的意见》《乡村振兴战略规划（2018—2022年）》《关于全面推进乡村振兴加快农业农村现代化的意见》《中华人民共和国乡村振兴促进法》等政策文件的出台，优化乡村发展环境、完善乡村土地产权、探索合理的利益联结机制、支持农业现代化发展、出台乡村振兴法等系列举措相继落地，将极大激励极具市场敏感性的社会资本追随政策指挥棒投资乡村。在投资对经济增长贡献率不断下降的情况下，消费逐渐成为拉动国内经济增长的第一动力。近些年，城乡居民消费支出显著增长，农村消费市场空间广阔。鉴于乡村良好的生态环境、大量优质的农产品和丰富深厚的文化底蕴，乡村旅游日益受到市场的青睐，成为周末和短假期休闲、踏青的重要选择。因此，田园综合体、休闲农庄、康养小镇、生态养殖等产业将是剩余资本寻找出路的重要窗口。

（二）绿水青山禀赋价值吸引

笔者在分析了湖南近些年来易地搬迁扶贫现状、取得的成效、存在的主要问题及其原因后，提出了化解易地扶贫搬迁问题的政策建议。改革开放以来，随着我国工业化、城镇化的快速推进，城镇取得了飞速发展，但对其生态环境的破坏也十分严重，城市生活环境质量明显下降。相反，农村经济发展虽然滞后，但其生态环境相对较好，给"生态宜居"这一乡村振兴总要求打下了先天禀赋。新时代随着"绿水青山就是金山银山"这一发展理念的纵深推进，做好乡村发展绿色生态文章，为我国在2030年前实现碳达峰、2060年前实现碳中和目标意义重大。近些年，随着城市人口的快速增加，城市加速扩张，城区的面积也在不断扩大。城区面积从2010年的17.87万平方公里扩大到18.66万平方公里，城镇人口占比从2010年的49.95%上升到2020年的63.89%。由此可见，城镇的配套设施在满足人民日益增长的美好生活需要上捉襟见肘，更加凸显了乡村生态资源的价值。城市的比肩迭迹，乡村绿水青山的自然禀赋、阡陌交错的田园风光与特色迥异的乡土文化等资源，能够变生态资本为富民资本、转生态优势为经济发展动力，部分人口必然要找寻逆虹吸性流动的新热土，乡村的广阔天地显然成为返乡创业、生活的重要出路。[①]

（三）乡村发展困境状况的改变

长期以来，我国农村发展一直滞后于城市，地方政府官员为了追求经济增长数量和自身的升迁，把大量精力放在发展工业上，对农业的发展重视明显不够，使得农业发展一直处于弱势地位，"三农"的整体状况并未得到质的改变。目前，农村基础设施依然比较薄弱，乡村人才、乡村社会建设、乡村生态保护、乡村治理等方面的问题还比较突出；大量农村青壮年劳动力流向城镇，留下的主要是"386199"部队，村庄空心化态势不断加剧，乡村现代产业发展人力资源紧缺，乡村治理能人短缺，农业增产不增收现象仍然普遍存在，抑制了乡村产业的进一步发展；农村医疗、教育、环保、社会保障等公共服务仍相对滞后，农民看病难、看病贵的现象依然比较突出。基于以上原因，乡村依然缺乏吸引力，既难以吸引本地人才返乡，更难以吸引外来人才流入，相反还加速了乡村人才进一步外流，导致乡村建设的有生力量无法得到补充。在新

---

① 卢楷. 主体能力视域下的乡村振兴：历史演进、现实基础与发展趋势［D］. 兰州大学硕士学位论文，2021.

时代，党和国家充分意识到"三农"问题的重要性和"三农"领域存在的问题，及时提出了实施乡村振兴战略。习近平总书记指出"我们实施乡村振兴战略，就是要协调推进农村经济建设、政治建设、文化建设、社会建设、生态文明建设和党的建设，促进农村全面发展"。因此，实施乡村振兴战略是为解决新时代我国乡村存在的新问题、新矛盾而提出的，具有很强的现实需求性。①

---

① 张纯，赵丹. 乡村振兴战略形成的理论渊源与现实基础［J］. 长春理工大学学报（社会科学版），2020（03）.

04

第四章
湖南省乡村振兴
进展状况

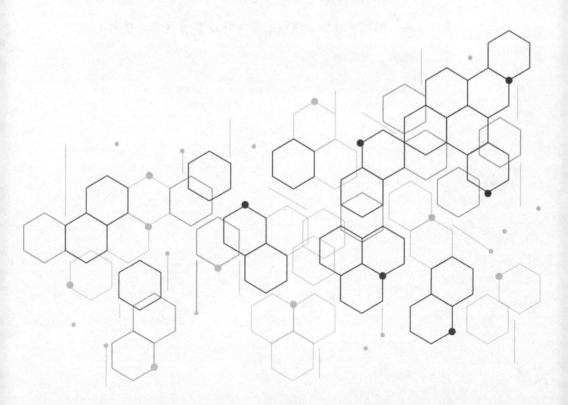

实施乡村振兴战略，是党的十九大作出的重大决策部署，是全面建设社会主义现代化国家的重大历史任务，是新时代做好"三农"工作的总抓手。近几年，湖南省从乡村发展的实际出发，统筹谋划、积极部署、科学推进乡村振兴战略实施，继脱贫攻坚后继续派遣工作组驻村推进乡村振兴，成效初步显现。

第一节 湖南乡村振兴成效初显

近些年，在国家"精准扶贫"的战略支持下，湖南乡村产业发展、生态环境治理、乡风文明建设、乡村治理等方面取得了重大进展，农民收入水平不断提升。

一、出台落实了一系列政策

自十九大报告提出乡村振兴战略以来，国家和省级层面出台了一系列相关政策（详见表4-1），为湖南省各地推进乡村振兴指明了方向和政策支持，有力促进了乡村振兴战略的推进和落实。

表4-1 湖南省乡村振兴战略主要政策一览表

政策清单	政策要点
《中共中央国务院关于实施乡村振兴战略的意见》	1. 推进农业供给侧结构性改革。促进农林牧渔业和种业创新发展，加快建设现代农业产业园和特色农产品优势区，稳定和优化粮食生产。新增高标准农田8000万亩以上、高效节水灌溉面积2000万亩。培育新型经营主体，加强面向小农户的社会化服务。发展"互联网＋农业"，多渠道增加农民收入，促进农村一二三产业融合发展。

政策清单	政策要点
《中共中央国务院关于实施乡村振兴战略的意见》	2.　全面深化农村改革。落实第二轮土地承包到期后再延长30年的政策。探索宅基地所有权、资格权、使用权分置改革。改进耕地占补平衡管理办法，建立新增耕地指标、城乡建设用地增减挂钩节余指标跨省域调剂机制，所得收益全部用于脱贫攻坚和支持乡村振兴。深化粮食收储、集体产权、集体林权、国有林区林场、农垦、供销社等改革，使农业农村充满生机活力。
	3.　推动农村各项事业全面发展。改善供水、供电、信息等基础设施，新建改建农村公路20万公里。稳步开展农村人居环境整治三年行动，推进"厕所革命"。促进农村移风易俗。健全自治、法治、德治相结合的乡村治理体系。要坚持走中国特色社会主义乡村振兴道路，加快实现农业农村现代化。
《国家乡村振兴战略规划（2018—2022年）》	1.　规划以习近平总书记关于"三农"工作的重要论述为指导，按照产业兴旺、生态宜居、乡风文明、治理有效、生活富裕的总要求，对实施乡村振兴战略作出阶段性谋划，分别明确至2020年全面建成小康社会和2022年召开党的二十大时的目标任务，细化实化工作重点和政策措施，部署重大工程、重大计划、重大行动，确保乡村振兴战略落实落地，使其成为指导各地区产业发展各部门分类有序推进乡村振兴的重要依据。
	2.　到2020年，乡村振兴的制度框架和政策体系基本形成，各地区各部门乡村振兴的思路举措得以确立，全面建成小康社会的目标如期实现。到2022年，乡村振兴的制度框架和政策体系初步健全。探索形成一批各具特色的乡村振兴模式和经验，乡村振兴取得阶段性成果。到2035年，乡村振兴取得决定性进展，农业农村现代化基本实现。到2050年，乡村全面振兴，农业强、农村美、农民富全面实现。

续　表

政策清单	政策要点
《中共中央国务院关于全面推进乡村振兴加快农业农村现代化的意见》	1. 全面建设社会主义现代化国家，实现中华民族伟大复兴，最艰巨最繁重的任务依然在农村，最广泛最深厚的基础依然在农村。解决好发展不平衡不充分问题，重点难点在"三农"，迫切需要补齐农业农村短板弱项，推动城乡协调发展；构建新发展格局，潜力后劲在"三农"，迫切需要扩大农村需求，畅通城乡经济循环；应对国内外各种风险挑战，基础支撑在"三农"，迫切需要稳住农业基本盘，守好"三农"基础。
	2. 坚持把解决好"三农"问题作为全党工作重中之重，把全面推进乡村振兴作为实现中华民族伟大复兴的一项重大任务，举全党全社会之力加快农业农村现代化，让广大农民过上更加美好的生活。
《关于实现巩固拓展脱贫攻坚成果同乡村振兴有效衔接的意见》	脱贫攻坚目标任务完成后，设立5年过渡期。到2025年，脱贫攻坚成果巩固拓展，乡村振兴全面推进，脱贫地区经济活力和发展后劲明显增强，乡村产业质量效益和竞争力进一步提高，农村基础设施和基本公共服务水平进一步提升，生态环境持续改善，美丽宜居乡村建设扎实推进，乡风文明建设取得显著进展，农村基层组织建设不断加强，农村低收入人口分类帮扶长效机制逐步完善，脱贫地区农民收入增速高于全国农民平均水平。到2035年，脱贫地区经济实力显著增强，乡村振兴取得重大进展，农村低收入人口生活水平显著提高，城乡差距进一步缩小，在促进全体人民共同富裕上取得更为明显的实质性进展。

续　表

政策清单	政策要点
《中华人民共和国乡村振兴促进法》	乡村振兴促进法规定，每年农历秋分日为中国农民丰收节；建立乡村振兴考核评价制度、工作年度报告制度和监督检查制度；实行永久基本农田保护制度；建立健全有利于农民收入稳定增长的机制；健全乡村人才工作体制机制；健全重要生态系统保护制度和生态保护补偿机制；建立健全农村住房建设质量安全管理制度；分类有序推进村庄建设，严格规范村庄撤并，严禁违背农民意愿、违反法定程序撤并村庄。
《湖南省乡村振兴战略规划（2018—2022年）》	1. 明确了5类22项重要指标作为具体目标任务，其中产业兴旺类指标5项，生态宜居类指标4项，乡风文明类指标4项，治理有效类指标5项，生活富裕类指标4项。
	2. 坚持乡村振兴和新型城镇化双轮驱动。
	3. 将湖南省130个县市区（场）划分成先行区、重点区、攻坚区三类，因地制宜设计振兴路径。
	4. 将湖南省24000多个村庄分为城郊融合、特色保护、搬迁撤并、集聚提升四大类型，分类推进乡村振兴。
《关于全面推进乡村振兴、加快农业农村现代化的实施意见》	1. 聚焦新发展阶段使命和任务，切实发挥"三农"基本盘作用。 2. 聚焦实施"三高四新"战略，加快农业农村现代化建设。 3. 聚焦高质量发展，推动农业优势特色千亿产业做强做优。 4. 聚焦农民高品质生活，着力构建新型工农城乡关系。 5. 聚焦农业农村优先发展，强化全面推进乡村振兴的要素保障。

续　表

政策清单	政策要点
《关于全力服务促进乡村振兴的若干意见》	1. 从规划统筹农村用地指标、完善农村土地权能、创新农村土地利用政策、服务生态宜居乡村建设、提高乡村振兴服务水平五个方面，明确了20条政策措施促进乡村振兴。
	2. 明确加强农村土地利用规划布局统筹。每年安排15%左右的新增建设用地计划，用于保障脱贫攻坚、农村基础设施建设、公共服务设施建设、村民建房等合理用地需求，重点支持农产品加工、物流仓储、产地批发市场或小微创业园、休闲旅游等一二三产业融合发展。
	3. 明确了五项具体"优先"举措。优先保障"厕所革命"和农村人居环境三年整治行动用地需求；优先将特色小城镇建设纳入土地利用总体规划；优先无偿提供乡村振兴所需的测绘资料；优先统筹保障脱贫攻坚用地计划；对纳入乡村振兴战略规划的重点项目，全部纳入用地审批"绿色通道"，优先办理，限期办结。
《湖南省"十四五"巩固拓展脱贫攻坚同乡村振兴有效衔接规划》	1. 主要阐明"十四五"时期湖南省巩固拓展脱贫攻坚成果同乡村振兴有效衔接的总体要求、主要任务和重大举措。
	2. 围绕实施"三高四新"战略和农业农村现代化总目标，在科学分析"十四五"形势任务、机遇和挑战的基础上，巩固拓展脱贫攻坚成果同乡村振兴有效衔接，加快推进脱贫地区产业、人才、文化、生态、组织等重点领域全面振兴。

二、产业发展取得新进展

自乡村振兴战略提出以来，湖南省便开始积极部署落实。2018年，湖南省省委、省政府提出打造农业优势特色千亿产业概念，之后明确以实施三个"百千万"工程和"六大强农"行动为抓手，聚力打造农业优势特色千亿产业，大力推进优质高效农业产业化开发，积极开展地方特色农业高质高效示范创建，农业产业化取得较大发展。2020年，全省农林牧渔业总产值达到7512.0亿元、增加值4240.4亿元，分别比2016年增长50.89%、18.5%；全省粮食种植面积4754.8千公顷，粮食总产量达到3015.1万吨，比2016年增长2.1%；截至2020年，全省主要农作物耕种收综合机械化水平达到52.21%，其中水稻耕种收综合机械化水平达78.36%，位居南方稻区第一，油菜耕种收综合机械化水平达62%。农机合作社总数达到6000家；全省农业优势特色产业全产业链产值达12442亿元，畜禽、粮食全产业链产值均突破3000亿元，分别达到3347亿元、3038亿元。

湖南省按照"一县一特、一特一片、一片一群、一群一策"的基本思路，以实施"六大强农"行动为抓手，积极推进农产品精深加工业、休闲农业和乡村旅游等新业态的发展。截至2020年底，湖南省有农业产业化国家重点龙头企业60家、省级龙头企业920家、过100亿元企业8家、过50亿元企业11家；全省农产品加工业营业收入过千亿的市州达到10个，营业收入过百亿的县市区达到53个；全省在主板上市的涉农企业达到22家，在新三板上市的涉农企业达到28家，居中部首位；湖南茶业集团、唐人神集团、湖南粮食集团、湖南九鼎科技4家公司跻身全国农产品加工企业百强之列；2020年，湖南省农产品加工产值与农业产值比达到2.55：1，比2016年提高0.35个百分点；大宗农产品加工转化率达到53%；湖南省农产品加工企业达到50650家，其中规模以上企业达到5100家；湖南省农产品加工企业实现营业收入18610亿元，比2016年增长37.85%。重点培育了"湖南红茶""湖南茶油""安化黑茶""湖南菜籽油"4个省级区域公用品牌、"湘江源蔬菜""崀山脐橙""岳阳黄茶""南县小龙虾"4个片区品牌和20个"一县一特"特色品牌。同时，通过抓产业集聚、镇域发展、三产融合，以农产品加工为全产业链核心，着力推动了一二三产业融合发展。截至2020年，全省培育出了38个国家级农业产业强镇、94个省级农业产业强镇、98个"一村一品"示范村镇、15个特色农业小镇及一批乡村特色产品和能工巧匠。

三、生态环境取得新改善

湖南省围绕生态强省建设目标，坚持"生态优先、绿色发展"的理念，着力补齐生态短板，切实加强重点生态功能区建设、不断完善生态文明制度，全方位推进污染防治攻坚战，生态环境保护取得较大成就。截至2020年底，全省森林覆盖率达到59.96%，森林蓄积量达6.18亿立方米，乡村（建制村）绿化覆盖率达到64.22%。

近几年，湖南省出台了一系列改善生态环境的政策，成立了省委书记和省长亲自挂帅的高规格领导小组，形成了上下联动、部门协调推进的工作合力。扎实推进了异地搬迁、危房改造和空心房整治，大幅改善了农村生态条件。大力开展美丽乡村建设示范点，以先进典型引领美丽乡村建设，总结推广可复制的先进经验。多渠道、多形式开展农村人居环境整治宣传，营造舆论氛围，提高农村居民的参与意识。自开展农村人居环境整治行动以来，全省各地区在乡村生活垃圾、污水、厕所、面源污染、重金属等方面下大力气治理，生态环境治理成效显著，农村生态环境取得较大改善。以往乱倒、乱扔垃圾的现象得到根本改善，基本实现了庭院整洁有序、房前屋后清洁舒适；河道溪流垃圾漂浮物得到了清除，黑恶臭水体基本消除，清澈见底、两岸整洁的乡村水景得以重现；逐步拆除了旱厕、"空心房"，村容换新颜。湖南省通过推广垃圾卫生填埋、无害化焚烧、堆肥或沼气处理技术，严禁露天焚烧垃圾，据湖南乡镇社会经济基本情况统计，全省生活垃圾全部集中处理的村落占全部村的比重从2016年的66.7%提高到2018年的86.2%[①]；同时禁止工业废弃物、城镇垃圾等从城市向农村转移，并且禁止污染企业向农村地区转移，生活垃圾无害化处理率稳步提升。

四、乡风文明展现新气象

近年来，湖南省大力加强农村精神文明建设，推进文明乡风培育，改善了农村的精神面貌。全省各地基层党组织书记把乡风文明建设作为"书记工程"来抓，切实担负起了乡风文明建设第一责任人。绝大部分村级党组织在"四位一体"的基础上，组建好"两会一室"，即组建红白喜事理事会、道德评议委员会和民情档案室。各村（社区）党支部结合本地实际，负责组织村规民约修订工作，并建设了一支村规民约监督

---

① 数据来源：中商产业研究院报告，2020年.

员队伍，负责村规民约实施情况的日常监督。一些县市区还建立了乡风文明考核体系，开展乡风民风调查测评，奖惩分明。例如，湘潭市雨湖区长城乡积极探索以群教群、以德治村的新路子，村村建立农民道德评议会，扎实开展道德评议活动，有效促进了农民的思想道德素质的提升和村风民风的好转。挖掘整理了一批弘扬传统美德、符合时代要求、贴近生活实际的好家规、好家风；开展"讲述家风故事"等活动，引导群众更加注重家庭教育，培育好家风；综合运用"村村通"广播、益村APP、微信等多种媒介，加强社会主义核心价值观宣传，倡导文明新风，弘扬先进典型[①]。

汝城县南洞乡通过围绕"弘扬半条被子精神、密切党群干群关系"主题教育实践活动，积极推进公民道德建设，大力开展乡风文明建设行动，用身边人讲好身边事，用身边事启发身边人，在发掘典型、表彰典型、宣传典型上下功夫，在典型宣扬、典型示范、典型引领上出实招，在传承家风、涵养民风、培育乡风上求突破。浏阳市大瑶镇杨花村制定了《村民诚信档案积分管理制度（试行）》，为每家每户建立乡风文明诚信档案，实行积分制管理，将移风易俗、见义勇为、志愿服务等行为终生记录，以提升乡风文明，优化乡村治理。目前，诚信档案积分将作为先进典型评选的依据，同等条件下优先享受相关政策，未来还将给予诚信户一定奖励。涟源市三甲乡新玉峰村通过"村规民约"树立文明乡风，大力提倡"红白喜事要从简，移风易俗树新风""助人为乐品德美，百善为先尽孝心"。新玉峰村的村规民约于2017年由全体村民共同制定，根据时代变化，村支"两委"数易其稿，2021年4月，形成了

---

① 数据来源：中商产业研究院报告，2020年.

围绕五年规划、村庄建设、乡风文明等方面进行建设的最新版"村规民约"。同年，新玉峰村的村规民约入围湖南省第二届"十佳"村规民约。新版"村规民约"出炉后，该村实行村干部、党员包户制，开展全方位、多角度宣传。村支"两委"还会在年底对遵守村规民约较好的村民进行通报表彰，并酌情给予一定的物质奖励。随着村规民约的进一步更新和完善后，村民和村里的整体面貌都发生了较大的变化。

五、乡村治理呈现新局面

2018年，湖南省委组织部、省民政厅、省财政厅等六部门联合下发了《湖南省乡村治理三年行动实施方案（2018—2020年）》，吹响了湖南省全面实施乡村治理行动、提升乡村治理和服务能力的集结号。2020年中共湖南省委办公厅、湖南省人民政府办公厅印发《关于加强和改进乡村治理的若干措施》，就加强和改进湖南乡村治理，从建强村党组织、健全村民自治机制、推进法治乡村建设、加强农村思想道德建设等方面提出了18条具体举措。目前已基本形成了基层党组织领导、基层政府主导的多方参与、共同治理的乡村治理体制。着力推进构建以村党组织为核心，村民自治组织、集体经济组织、社会公益组织、各类村级组织、各种协会等共同参与的多元协同治理结构，通过平等协商、共建共享，有效整合乡村各项资源，真正实现乡村治理效益最大化。目前，湖南省各地区还进一步完善了农村选举、决策、协商、管理、监督等制度，逐渐形成多层次基层协商格局，村民自治制度得以进一步创新完善。同时有效引导农民学法、用法、守法，发挥法治在保障农民权益、规范市场运行、治理生态环境、化解农村社会矛盾等方面的作用，大力建设法治乡村和平安乡村。各地通过建立健全公民道德规范，让"德治"贯穿乡村治理全过程，培育了良好的村风民风。如建立新乡贤文化示范传承基地，通过开设"德治大讲堂""道德讲堂""文明讲习所"等激发农村各类主体活力、激活乡村振兴内在动力。2019年12月3日，农业农村部公示全国乡村治理示范村镇候选名单，拟认定100个乡镇为全国乡村治理示范乡镇和1000个村为全国乡村治理示范村，湖南省宁乡市大成桥等5个镇、望城区茶亭镇静慎村等50个村入选。

六、农民生活再上新台阶

近些年来，国家对"三农"问题非常关注，再加上湖南省委、省政府的重视，全面深化农村改革，稳步缩小城乡差距，不断推进民生改善，给乡村发展注入了强大动能。随着农村建设的不断完善、农村居民增收渠道日益丰富、收支水平明显提高、农民生活品质不断提升，获得感和幸福感不断增强，全省乡村发展展示出了美好前景。"十三五"以来，在精准扶贫战略指导下，湖南省的农民收入水平平稳增加（具体情况见图4-1），2020年，湖南农村居民人均可支配收入达到16584.6元，较2016年的11930元增长39%。其中，工资性收入为6569.6元，占比为39.6%，工资性收入不断增加，已成为全省农村居民增收最重要的推动因素；经营性收入为5804元，占比为35%，经营性收入也不断增加，仍是农民增收的重要来源；财产性收入为231.7元，占比为1.4%，随着土地要素资本产权制度的改革不断推进，农民财产性收入成为促进农民生活富裕的重要支点；转移性净收入为3979.3元，占比为24%，进入新时代，随着全国社会补助、救助体系不断完善，支农惠农政策的持续推进，湖南省农村居民转移性收入渠道不断拓宽。城乡居民收入比从2016年的2.62：1缩小至2020年的2.51：1，城乡居民收入差距不断缩小，提升了乡村居民的消费信心。

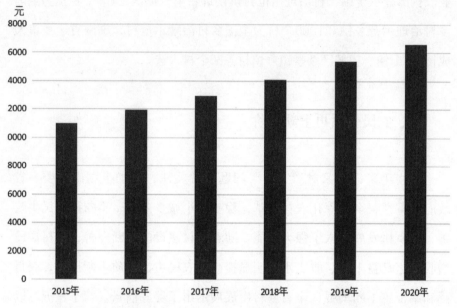

图 4-1　2015—2020 年湖南省农村居民人均可支配收入情况 ①

农村居民可支配收入的增长带动农村居民消费水平的不断提升。农民从"吃饱穿暖"的食品衣着等基础性消费，逐渐向"健康安全方便"的转变。2020年湖南省农村居民恩格尔系数为30.96%，比2016年下降了0.74个百分点；"十三五"以来，农村居民生活消费支出大幅增加（具体情况见图4-2），2020年农村居民人均生活性消费支出为14974元，比

___

① 数据来源：湖南省统计年鉴（2016—2021）.

2016年增长40.87%。

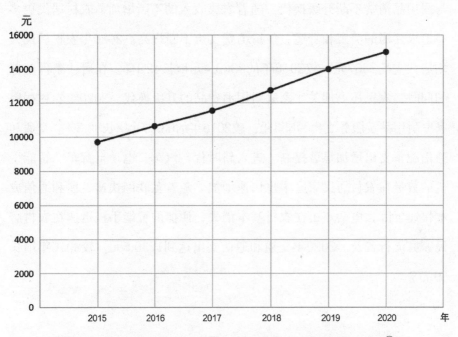

图 4-2 2015—2020 年湖南省农村居民生活消费支出情况 ①

随着乡村卫生院（所）及医疗站的普及，新医保制度带来的便利性以及健康扶贫的推进，农民在致富同时，更加注重健康养生和自我保健，滋补保健品、医疗器械等医疗保健消费支出开始大幅增加。2020年农村居民人均医疗保健支出达1706.6元，较2016年增长73%，农村居民医疗保健支出占总消费支出的比重也从2016年的9.3%增加到2020年的11.4%。同时农民也更加注重自我提升和子女教育，各类培训费、学杂教育费、书本材料费等支出快速增长；注重高品质文化娱乐，旅游、文化等方面的消费也快速增加。2020年人均文教娱乐用品及服务的支出达

_____

① 数据来源：湖南省统计年鉴（2016—2021）.

到1783.8元，占人均消费支出比重的7.4%，较2016年增长11.91%。居住与耐用品消费不断升级换代。随着农民收入的不断增加，农村居民更多地追求住房的美观和舒适，住房消费支出不断提高。2020年农村居民人均居住支出3367元，较2016年的2369.4元增长42.1%。在居住条件改善的同时，农民还更加关注家庭耐用消费品的升级换代。2020年农村居民家庭耐用品及服务支出为853元，较2016年的639.9元增长33.3%。交通和通信配备支出增加显著提高。进入新时代，汽车、电动自行车、智能手机的数量在农村居民家庭中也快速增加。随着互联网快速发展和通信成本快速下降，电话座机在农村基本消失，便捷的智能手机迅速在农村居民家庭流行普及。2020年交通和通信支出达到1730.5元，较2016年增长59.77%。

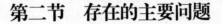

第二节 存在的主要问题

近些年，在国家脱贫攻坚、社会保障等一系列政策的大力推动下，通过湖南省委、省政府的高度重视和地方政府的强力贯彻落实，湖南省的乡村发展取得了重大进展，但由于湖南是地处中部的农业大省，乡村面积大，落后村庄比较多，经济转型升级压力大，在全球经济下行的趋势下，经济增长放缓，本省自身财力压力增大，因此，乡村振兴仍面临着诸多困难。

一、农业产业化程度仍然较低

当前湖南省大部分乡村产业结构单一化，缺乏龙头企业做支撑。乡村要振兴，产业是支撑。目前在湖南省的大部分乡村，多数农民由于知识技术缺乏等方面的问题，主要还是从事第一产业，产业结构单一化问题突出，我们调研的村庄主要是以发展水稻、水果、茶叶、中药材和养殖业为主，缺乏第二、三产业的带动和活力支撑。与此同时，乡村由于经济发展落后、思想观念陈旧等原因，很难吸引龙头企业来投资。即便有少数农业企业被吸引来，也存在数量少、规模小、特色产业不突出等问题，这就形成恶性循环，而乡村的企业生态环境较差，也很难满足乡村振兴"产业兴旺"的要求。

（一）农业产业组织化程度偏低

贸工农、产加销一体化的产业体系尚未完善。目前湖南省乡村产业的产业链整体偏短，产业间有效融合明显不足。同时，产业同质现象比较严重，比如农产品种植大多都是橘子、猕猴桃、碰柑，没有错位发展。第一、二产业融合层次较低，农副产品大多是初级加工品，且农业加工产品科技含量低，缺乏进一步的深加工、精加工；产品质量较低，难以形成完整的产业链条，附加值较低；绿色、有机特色产品少，难以实现从加工生产到物流、销售一体化的发展方式；第一、三产业融合度不高，休闲农业和乡村旅游类产业形式也较简单，休闲娱乐产业占比不高，餐饮业占比较大。

（二）规模化程度低

一家一户的分散经营及农户"重生产、轻销售"的观念制约着农业的集约化、规模化进程，也影响了大型农机设备的有效利用，土地产出率和规模效益较低的问题突出；全省虽已基本完成农村土地确权登记，但是仍存在土地流转力度不大、范围不广的问题，根据《湖南省乡村振兴战略实施情况民意调查报告》的数据，从416个行政村的1046187亩耕地中，调查到流转或租出的耕地占22.3%，常年荒废性耕地占3.2%，真正与农户结成利益联结机制的企业不多，缺乏专业协会和合作社等中介机构组织农民进行专业化生产。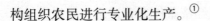

二、"三农"带头人亟待培养

随着我国各项事业的大力发展，城镇化进程开始走向白热化，乡村中的人口开始以单向流动的状态流入城市，尤其是青壮年劳动力，致使乡村人口锐减，出现了大量的"空心村"，村庄人口老龄化程度加深且劳动力受教育水平低，乡村老龄化形势严峻。

根据笔者对湖南省部分村庄的调查发现，这些村庄中60岁及以上的老龄人口占全村总人口的比重均超过10%的老龄化社会标准线，平均达到近20%，其中尤以新宁县万塘村（23.9%）、涟源市古仙界村（23.1%）的乡村老龄化程度最深。乡村劳动力受教育水平低，样本村中拥有高中（中专）及以上学历的劳动力占比不到30%，其中古仙界村最高，为46.2%，其中最低的万塘村为21.8%。乡村"三农"带头人数量及能力不足。首先，村内党员人数较少，年青党员占比低。样本村中党员人数平均为46人，占村均总人口的2.3%左右。45—60岁年龄段的党员人数占比为31.8%；党员人数最多的年龄段为60岁以上，占党员总人数的45.8%；45岁以下的党员占比为22.4%。其次，村干部受教育水平较低。样本村中，现任村支书的文化程度多为高中学历程度，占52%，大学学历占26%，近些年受教育程度有所提高，但大专以上的高学历者仍旧缺乏。村"两委"干部几乎没有异地工作的经历，经营管理经验欠缺，个人拥有的资源有限。在样本村中，现任村支书在本村以外的地方工作过

---

① 数据来源：中商产业研究院报告，2020年.

的人数占比不到20%。从村干部的家庭经济条件来看，比一般村民经济条件好的村干部占43%，比一般村民经济条件差的村干部占10%左右，与普通村民家庭经济条件一样的占比约46%，可见大部分村干部个人所拥有的资源与一般村民相差不大。当前，乡村带头人在致富经验、能力、拥有社会资源等方面依旧缺乏，各项素质均有待提高。

三、农村基础设施有待改善

基础设施建设是实现乡村振兴和乡村全面发展的重要基础。当前，湖南省乡村基础设施建设还有较多欠账，距离城乡基础设施和公共服务均等化的目标还有较大差距。想要实现乡村振兴，必须有足够的资金支撑。乡村基础设施是乡村发展的基础条件，若资金投入不足将直接导致乡村基础设施不完善。而落后地区乡村的村集体过分依赖于政府资金的支持，虽然有少部分乡村引进了同公司合作的模式，吸引了部分资金，但没有充分发挥市场的引导作用，未充分利用市场的流动资金，从而导致资金缺乏，基础建设进度缓慢，建设标准较低。诸多乡村设施的不完善直接影响到人民生活的基本需求和幸福感的获得。近年来，虽然湖南省大部分农村地区，特别是湘北、湘中的平原、平地的农村，住房、交通、通信、水利设施等有了较大改善，但农业基础设施功能老化、标准较低、改造缓慢等问题仍普遍存在，依然难以满足本省农业生产和当地农民生活的实际需要。

（一）农田水利设施建设档次有待提高

当前，本省仍有许多村庄没有水泥砌就的沟渠，机耕道路要么没有，要么标准低。具有喷灌、滴灌、渗灌设施的耕地占全省灌溉面积的比例还很低，难以满足现代农业发展需要，还有些村庄仍然没有解决好喝水难的问题，部分村因为地质结构或者地势的原因缺水相当严重，如永顺县两岔乡车禾村等。①

（二）提升生活品质的设施不足

许多方便生产生活、提升生活品质的设施明显不足，如幼儿园、小学、卫生服务站、公交车、社保服务点、金融服务点等便民场所较少，40%—70%的行政村尚未有上述设施，就学难、就医难、出行难、文娱缺的情况比较普遍。大多数村庄仍存在道路硬化不足、水利设施不完善、环境卫生较差等诸多问题。笔者所调查的样本村在改善农村基础设施时也同样遇到了资金不足的问题，大多数村的资金缺口在1000万元以上，新宁县崀山镇船形村的基础设施完善资金缺口达3000万左右，而资金缺口最少的双石村也达到200万元左右。每个村集体都在想方设法筹钱，而这些相对落后地区的村庄大多欠缺集体经济收入，即使有收入金额也很少。例如，古仙界村2020年村集体经济收入仅为6万元，相对于上千万的基础设施投入来说是杯水车薪。此外，不同地区之间基础设施差别较大，"长株潭地区""湘北地区"的农村基础设施和公共服务设施较好，而"大湘西地区""湘中地区"和"湘南地区"的农村基础设施和

---

① 周作武，李建，王向志，等. 湖南实施乡村振兴战略面临的问题及对策研究[J]. 南华大学学报（社会科学版），2020（01）：13-20.

公共服务设施普遍比较落后。

四、乡风文明建设有待加强

实施乡村振兴，乡风文明是保障。必须把物质文明和精神文明结合起来，乡村振兴就是提高农民精神风貌的过程，是培育文明乡风、淳朴民风、良好家风，也是不断提高乡村社会文明程度的过程。而在当前湖南省的乡村中，由于多数年轻人向往城市的生活，不愿意在乡村生活，从而忽视了村中原有的生活习惯、乡风民规，忽视了乡村自身的文化和价值，导致产业项目与当地资源脱节，出现"水土不服""项目孤岛"等现象，而脱离乡村价值体系的项目建设，多数又会因难以融入乡村而流产。近些年来，乡村文明建设虽然取得了较大进步，但与乡村振兴的要求仍有较大差距。

（一）乡村文化娱乐设施短缺

大多数农村没有文化娱乐设施，专供村民娱乐的场地也十分缺乏。部分村民由于缺少积极的文化娱乐活动，便沉迷于烧香拜佛、修建寺庙、佛事活动及其他迷信活动。

（二）落后腐朽的思想盛行

由于有些村庄的村干部缺乏领导力，村里又没有上级派驻的驻村干部或者联络员，没有大学生村官、选调生，村里还缺少好的带头人。于是就产生很多落后的思想，比如，在婚丧嫁娶时大摆场面，把花钱

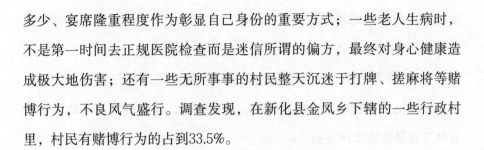

多少、宴席隆重程度作为彰显自己身份的重要方式；一些老人生病时，不是第一时间去正规医院检查而是迷信所谓的偏方，最终对身心健康造成极大地伤害；还有一些无所事事的村民整天沉迷于打牌、搓麻将等赌博行为，不良风气盛行。调查发现，在新化县金凤乡下辖的一些行政村里，村民有赌博行为的占到33.5%。

（三）法律意识淡薄

许多村民缺乏相应的法律意识，当遇到纠纷矛盾时，不是走法律程序让专业的人来处理矛盾纠纷，而是采取召集亲友打架闹事等过激的行为，轻则发生争吵，重则就会出现打架流血的暴力冲突。在所调查的样本村中，有些村庄落实村规民约比较到位，例如，新宁县崀山镇肖市村、双石村。也有部分村庄在乡风文明建设上存在村民素质不高、红白喜事难以控制、文化设施缺乏、村规民约落实不到位等问题，乡风文明程度仍需进一步加强。还有一部分村庄虽有丰富的传统文化资源和一定的乡村价值优势，但没有深入挖掘和合理利用，没有把文化优势转化为产业优势。这主要是由于部分基层政府对乡风文明建设的重视程度明显不够，更多着眼于提高经济建设，导致这些农村地区经济发展水平和乡风文明程度不匹配。

五、生态环境治理任重道远

当前，乡村生态环境保护建设取得了较大改善，但与真正的天蓝、地绿、水清、气爽还是有较大差距。尤其是近年来农村生产力得到了快速发展，但村民的环保意识提高不明显，生产生活污染对生态环境的破坏仍然比较严重。

（1）垃圾分类在乡村普及度不够，垃圾箱等环保设施数量严重不足，垃圾乱扔乱倒的现象依然较多；生活垃圾、畜禽粪便等未能及时有效处理容易造成水体污染。

（2）由于部分村民违规无序建房，村中心空心房较严重，对土地资源造成极大的浪费。而因为建房又乱砍滥伐导致植被破坏、水土流失。

（3）还有一些工厂为了降低生产成本，采取粗放式管理，工厂的废气、废水未经处理直接排放到自然中，给大气、水体和土壤带来很大污染，给农村生态环境治理带来了严峻挑战。农药、化肥、除草剂的使用以及农业机械化的大量使用，也因使用和管理不到位，造成了农业面源污染日益严重。

（4）资源浪费严重。比较典型的是稻草、玉米秆等农作物秸秆在农村乱堆乱放、肆意焚烧等现象严重，由于现代科技在农村没有得到有效推广，一些农作物秸秆未能充分利用，造成资源严重浪费。而秸秆的焚烧也给空气带来了极大的负面影响，造成严重的大气污染。

六、乡村社会治理仍有待提升

新时代下我国不同区域之间、城乡之间、乡村之间发展不平衡、不充分的现象日益显现。由于这种发展的不平衡，导致贫富差距加大。在我国经济发展不断跃上新台阶的背景下，农村居民在经济发展、民主权力、文化教育、医疗卫生、社会保障、生态安全等方面的诉求日益上升，而乡村基础设施建设、救助、选举、社会保障等措施仍比较滞后。乡村治理机制不完善，基层民主政治建设不到位，自治、法治、德治水平不高，村民参与热情低、碎片化、低效率，与农村居民日益增长的需求不匹配。

随着农村大量青壮年劳动力的外流，许多个人能力较高的农民进城务工安家，农村空心化现象越来越严重，而留守村民参与乡村治理的能力不够，难有效满足当地农民的利益，村民意愿也难以在乡村治理中得到有效体现。由于一些村干部个人能力的欠缺，村干部在乡村治理中也往往未能充分发挥应有的作用，使得国家对乡村治理的制度难以有效地贯彻落实，特别是部分乡村存在基层腐败问题、土地征迁与流转问题、农村留守群体问题等使得乡村治理环境更加错综复杂。总体来看，与村民期待相比，乡村治理水平仍有很大的提升空间。

七、乡村内生发展动力有待强化

农村地区的内在发展动力不够，在乡村发展的进程中只想依赖政府牵着走，或者由被帮扶单位和个人扶着走，而不是主动抓机遇、想办法。这其中，主客观原因皆有。

（一）客观上受制约

这种情况主要出现在生态条件相对较差的高寒山区，对高寒山区的自然条件进行改造需要付出的成本较大，而改善水、电、路、互联网等基础设施的投入也大。政府对这些地区进行扶贫工作，投入产出比不高，发展效果难以显现。农村人口在恶劣自然条件面前感觉无望，于是也懒得去想出路。

（二）主观上认识不够

长期以来，国家对落后地区的财政支出巨大，这极大地缓解了地方财政的支出压力，有的落后地区日子反而比一些非落后地区的好过，造成这些落后地区的干部不思进取，只想着"等靠要"，对本地区自身的可持续发展缺乏长远考虑，想方设法向上级政府争取资金支持，一味地依赖国家和省级财政的供养，对落后农村地区经济社会本身的发展漠不关心。

第三节 影响乡村振兴有效推进的主要因素

调研发现，乡村振兴受到内外因素影响。从外部因素来看，主要是政府认识偏差、缺乏资金、人才短缺、干部责任意识下降和社会力量参与偏弱；从内部因素来看，主要是农民自身文化素质偏低和内生发展动力不足。

一、地方政府对乡村振兴动能不足

近些年来，在脱贫攻坚战略下，地方政府获得了大量中央和省级政府的资金投入，使得乡村发展有了较大改善。但在完成脱贫摘帽任务后，国家对实施乡村振兴还没有明确的资金支持，而基层地方政府明显是心有余而力不足，尤其是像湖南省这样的中西部省份，大多数基层政府经济基础薄弱，无法承担起大规模乡村振兴的资金投入，再加上当前也未给地方政府任务指标和目标考核，使得地方政府对乡村振兴推进动力不足。与此同时，一些人甚至是有些领导干部认为，实施乡村振兴与建设新型城镇化是相互矛盾的，新型城镇化是要提高城镇化率，尤其是像湖南省的大多数县城的城镇化率相对较低，还需要从乡村吸引大量人口流入才能更好地促进经济发展，增加财政收入。而乡村劳动力的大量流失，就会造成乡村空心化现象，从而影响乡村振兴的实施。因此，地方政府推动乡村振兴的内生动力不足，要推进乡村振兴难上加难。

二、乡村振兴推进资金缺乏

乡村振兴是一项长期而又艰巨的系统工程，需要大量的资金投入，乡村振兴的关键在于乡镇的领导，而大多数乡镇缺乏强有力的产业支撑，可变现的土地、自然资源相对较少，因而可自主支配的资金非常少，大多数的支出都要靠上级财政拨款。由于社会资本参与动力不足，绝大部分村集体收入非常少，完全缺乏主导乡村振兴的基本能力。资金存在巨大缺口，很难办成大事，无论是乡村产业发展，还是基础设施建设、社会公共服务完善、生态治理等都难有较大的改观。例如湖南省目前仍有部分村庄存在缺水问题，因为整体上资金缺口较大，难以完全解决。有些乡镇往往把上级政府的拨款，如修路的钱、农田灌溉设施的钱花在解决面子工程上去，用来应付上级部门核实查验，导致真正需要建设的地方没有资金。

三、社会力量参与明显偏弱

乡村振兴是一项庞大的系统工程，仅靠政府"单打独斗"是难以可持续发展的，充分调动社会力量参与势在必行。近些年来，在政府的大力倡导和鼓励下，社会力量在乡村发展中发挥了一定的作用，减轻了政府的一些负担。但目前的乡村振兴仍没有解决好"政府热、市场冷、社会弱"的情形。社会力量参与乡村发展的积极性不高，一些社会组织、企业和企业家认为乡村发展主要是政府的事，与己无关，社会责任意识淡薄。因此，当前实施乡村振兴的主体仍然是以政府机关、事业单位和国有企业为主，民营企业参与乡村发展明显不足，社会力量潜力发挥不够。这种由政府主导的乡村振兴容易出现效率低、针对性不强等问题，造成乡村地区的振兴绩效容易出现边际效益递减的"内卷化"特征。

四、乡村产业基础较为薄弱

近些年来，湖南省的精准扶贫在文教卫、产业扶持等方面的投入相对较少。从对部分乡村政府的考察发现，近些年来，政府对基础设施的投入占到了80%以上，而对产业发展的扶持投入不到20%。基础设施是乡村可持续发展的基础，要促进乡村地区的可持续发展，加大基础设施投入也是一个正确的选择，但这些乡村更多关注的是基础设施和亮化工程。挤压软环境投入和产业可持续发展资金，容易带来短期效益递增而不利于解决长期的发展困境。目前政府的扶持主要是从支出补贴角度来考虑减轻农民的负担，但对乡村产业发展这条线考虑明显不足，带有短期性。这些年扶贫中"注重输血，轻视造血"，使得产业发展基础没有得到很好的解决。没有产业支撑，农业就难以实现协作生产、加工和规模效应，也容易受自然因素制约，一些本可以由行政村自身承担的基础设施，也无法得到改善。可以说，乡村产业基础薄弱给乡村振兴根本问题的解决带来了巨大压力。

五、乡村人才空心化制约

长期以来，由于城乡二元结构的存在，导致乡村无论是基础设施还是公共服务设施远远落后于城镇，使得乡村不仅难以引进人才还会造成自身人才外流。人才是制约乡村振兴有效推进的关键，而没有一定数量的人才，乡村振兴战略最终很难真正实现。当前，部分村级组织里，有驻村干部、大学生村官，这些人中有些是管理人才，有些是技术人才，他们有资源、有想法、能干事，但如果不能长期扎根在乡村里，对解决乡村的长远发展作用不大，难以调动广大农民振兴乡村的积极性。同时，大量农村青壮年劳动力的外流，导致乡村产业发展缺乏必要的劳动力，难以引进有实力的农产品加工企业。由于乡村人才引进机制不规范、激励机制难以落实到位、流动机制不灵活等问题，导致乡村人才发展空间小、晋升渠道不畅，人才流动率高，再加上青壮年外流造成乡村有能力的干部紧缺，不仅难以带动村民致富，还会影响乡村治理效率的提升。因此，乡村人才的短缺对乡村振兴的影响是巨大的。

六、干部的责任意识较弱

可以说，精准扶贫政策实施，地方政府付出了巨大的精力和财力，乡村取得了较大发展。然而，在脱贫攻坚后，一些地方政府干部明显出现疲态，尤其是在新型冠状病毒肺炎疫情发生以来，地方经济发展形势严峻，财政压力大。在目前经济压力较大的情况下，一些地方政府干部无力关注乡村振兴，再加上部分乡镇存在干部数量不足、工作经费不足等问题，干部不愿意下乡调研，无法发现存在的问题，乡村发展就难以获得政策的支持。在脱贫攻坚后，由于没有政策压力，部分基层干部对农业生产、加工和农产品销售的关心有所下降，存在工作敷衍搪塞，缺乏创新精神，只会空喊口号。一些乡镇干部和驻村干部不是想着如何帮助乡村推进发展，而是想着过一天算一天。部分乡镇主要领导干部和驻村干部不主动学习新政策、新理论，在乡村治理中缺乏法治理念。还有一些干部统筹抓落实不强，只注重眼前工作，对实施乡村振兴的战略性思维和系统性规划的认识不到位，没有潜心谋划乡村产业发展的方向与模式，没有因地制宜制定乡村发展路径，也不研究乡村经济社会发展的特点和规律，不想方设法去帮农民解决实际问题，这些情况都会严重影响乡村振兴奋斗目标的全面实现。

第四节　解决乡村振兴面临的问题的举措

一、引进与培育并举，推进乡村人才振兴

加快制定出台湖南省乡村人才振兴规划，打造"内培"与"外引"的人才支撑体系。在继续实施驻村干部帮扶的同时，通过内部培育一批乡村能人，引进和选派一批爱农村、懂农业的优秀大学生到农村任职，也可以鼓励和引导即将退休或已退休的爱农村、讲奉献的党员干部到乡村担任第一书记。政府要有针对性地对当地小农户进行挑选，对有培育价值的要花大气力，对其进行产业、项目、资金、资源等相关的政策扶持，培养"土专家""田秀才""农创客"等实用型人才及致富带头人。加大"外引"力度，可以通过村民推荐、组织选拔等方式发现一批能人和带头人，鼓励他们回乡参与文化事务、投资基础文化设施和公共文化服务项目。支持企业家、高校毕业生、退役士兵等各类人才回乡创新创业。大力支持选拔一批"管理型""致富型""创新型"优秀人才担任村委班子。引导、组织适合各地乡村发展的专家不定期到村里开展技能培训，大力培养种养殖业示范大户、创业致富带头人等。同时，每年在一些乡村选派一批45岁及以下想干事的村民参加自主职业培训。建

立健全激励政策措施，为乡村"三农"带头人和职业农民提供必要的项目、资金、人力培训等，提高"三农"带头人的致富经验和资源的获得及利用能力。推荐群众公认的能人担任党代表、人大代表、政协委员，激发能人担任村干部的荣誉感。给能人村干部升迁提供便利，让干得好的村干部可以兼任乡镇领导。

二、加大资金支持力度，完善乡村基础设施建设

将各责任主体对于农村基础设施的维护、管理、利用纳入目标考核机制，确保责任落实到位，失职将受到追究。建立专门的乡村基础设施管理协调机构，负责农村基础设施维护的综合协调、服务工作，确保维护工作有部门牵头与推动。加大对乡村振兴的资金支持力度，从土地出让金中明确一定比例，专门用于乡村基础设施建设，不断加强政府对农村道路、桥梁、水利等公共基础设施的资金支持，降低农村集体的经济负担，并在公共基础设施维护上给予奖补支持，支持农业高质量发展。在每年的财政预算中安排一部分资金，用于改善农村人居环境，因地制宜、分类施策，持续推进农村"厕所革命"，全面加强农村污水治理，提升污水治理水平。同时还要保障农村教育、医疗卫生、电力等社会事业的投入。对于不同的乡村和地区，要给予差异化的发展支持政策和资金支持。通过政策规定、强化监督、问责追责等方式，确保资金的使用方向，从而解决乡村基础设施建设中存在的资金不足、动力不足等方面的问题。

三、以产业发展为重心，壮大乡村集体经济

（一）要因地制宜制定产业发展规划

各地要依托当地的资源优势，推动乡村集体产权制度改革，对全省村级集体经济发展进行调查摸底，合理规划村集体经济发展。对重点村庄要高起点布局，政府要在资金上进行支持，聘请农业发展规划专家和村镇规划设计专家、村民代表共同编制村庄发展规划，实现乡村建设标准化和规范化。同时，要强化项目管控，对每一个项目进行深入研究论证，完善思路方案，提升资金使用效率。

（二）要加大产业结构调整力度

在资源开发、资产经营等方面寻求发展路径，支持鼓励将村级集体资产、资源整体打包参股，审慎做好村民变为股东的工作，完善股权治理和法人治理结构，调动各方积极参与到开发建设中来。

（三）要着力培育新型主体

产业的兴旺发展离不开企业等市场主体，未来要进一步激发私营企业的积极性。大力实施新型农业经营主体"示范"工程，省级政府要通过资金扶持、政策引导等方式，对农业产业化龙头企业、农民合作社、家庭农场等新型经营主体进行帮扶。支持农户个体以及相应的企业从事乡村特色产业经营，并在产业规划、信息供给、规模做大、市场做强等方面提供政策支持，发挥其带动乡村经济发展、吸纳农村劳动力就业的

重要作用。

（四）要大力引入社会资本

各级政府要因地制宜、因村施策，对有条件的村庄在产业发展过程中适当放松对资源禀赋的管控约束，政府要根据企业需求不断完善乡村产业发展的基础设施，调动社会资本入乡进村发展产业的积极性。

四、注重乡村文化和价值，推进乡风文明建设

制定并下发乡风文明工作方案，由基层政府成立乡风文明工作领导小组，把乡风文明纳入村级年度考核内容中，作为年终评先进的重要依据之一。认真组织好乡风文明日常监督检查，及时掌握乡风文明建设工作情况。积极发挥驻村干部的作用，指导所驻村庄建立健全村规民约、红白理事会章程等有关配套制度和措施。

（一）通过党建文化提升修养

加强对广大乡村党员的思想教育培训工作，不定期开展专题培训，积极学习贯彻党的时代精神、乡村振兴战略部署和社会主义核心价值观等内容。要以特色鲜明的党建元素、标准规范的示范村部、装点一新的农家外墙擦亮美丽乡村的生态底色，打造党的精神宣传长廊。

（二）以湖湘文化提升自信

新建湖湘文化墙，可以用雕刻的形式图文并茂地将湖湘文化名人生

动形象地展示出来，还可以挖掘本地区的历史事件、民间传说等编制印刷成文化手册，方便人们阅读。

（三）以传统文化提升颜值

可以用文化墙的形式弘扬传统文化，以礼仪孝道、诚信故事等为内容，打造礼貌待人、孝道感恩、诚实守信的新平台，向村民和游客宣传礼、义、仁、信等观念，积极营造"尊老孝亲、和谐向上"的社会新风向。

（四）全面推进乡村移风易俗

树文明新风，在乡村大力开展"弘扬时代新风"主题活动，引导婚丧嫁娶节俭化、民间习俗文明化，出台婚丧嫁娶、不得参与赌博和封建迷信等活动的村规民约。加强乡村科普工作，抵制乡村陋习。

（五）推进文化惠民工程建设

加大对村级文化娱乐活动场所的监管力度，增加政府完善乡村公共文化设施的投入，积极推进小戏台、小广场等建设。定期举办送文艺"三下乡"活动，推进国学、书法、戏曲进乡村，深入推进传统文化保护建设。

（六）大力开展优秀评选

定期开展"星级文明户""五好文明家庭""最美党员""乡村好人"等评选和互助志愿服务等活动，每年在全省范围内评选一批乡村

"优秀典型"，加大宣传力度，以增强村民积极向上的动力。抓好公民道德建设工程，办好乡村道德讲堂。

五、完善乡村治理体系，保障乡村各项事业发展

坚持自治、法治和德治相结合，加快完善乡村治理体系，为乡村振兴提供社会保障。

（一）要抓好基层党建

认真落实好"三会一课"制度，加强党员干部思想政治教育，明确党员的义务与责任，大力开展党员志愿服务活动。选优、配强村级领导班子，积极探索"党建＋"工作。

（二）抓好"三治"结合

充分发挥基层自治力量，进一步培育农村各项服务多元供给主体。以落实村民代表会议、村务监督委员会、"四议两公开"等制度为基础，构建监督委员会、议事委员会、红白理事会等村民自治组织，通过开展村民提议、村两委商议、党员群众决议、监督委员监督、决议结果双公开等措施创新村民自治模式，引导群众积极参与，充分发挥基层民主、村规民约、群众性组织在乡村治理中的作用，进一步完善乡村公共法律服务体系。加强乡村法治宣传教育，按照"七五"普法规划，严格落实村民普法教育。规范设立党务、政务、财务公开栏，对办事流程、财务数据等进行公开。全省乡村"两委"要通过张贴、设立举报电

话、举报电子邮箱、举报信箱等方式，接受村民监督，逐步建立起依法依规办事的良好社会环境。推进乡村思想道德建设，积极践行社会主义核心价值观，突出加强"四德"建设，在广大乡村形成向善向好的良好风尚。

（三）抓好基层管理

严格落实综治维稳责任，深入推进平安乡村建设，加强乡村道路交通安全、消防安全和生产安全工作。

05

第五章
乡村振兴战略的模式
与实现路径探讨

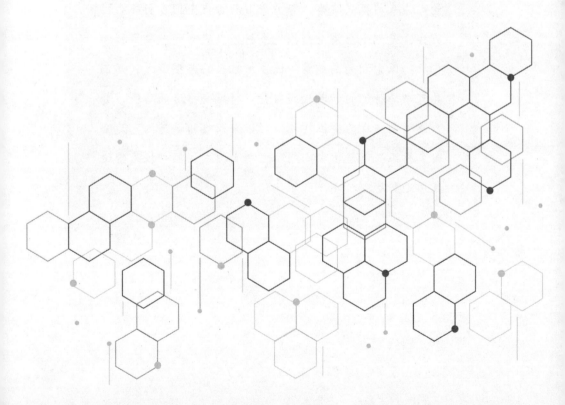

党的十九大明确提出实施乡村振兴战略并写入党章，意义重大而深远。当前，各地都在如火如荼地推进乡村振兴战略，取得了一些成就，涌现出一批典型代表和成功案例，但是乡村振兴具体怎么发展、怎么推进仍有待进一步探索。湖南省作为一个农业大省，是精准扶贫的首倡地，也是全国乡村振兴的重要省份。如何高质量实施乡村振兴战略，努力争当新时代全国乡村振兴排头兵，是湖南全省全面推进乡村振兴战略的重要目标和要求。探索湖南高质量推进乡村振兴的典型模式，开创具有湖南特色的新时代高质量乡村振兴推进的路径，努力使湖南省成为全国实施乡村振兴战略的示范区，为全国乡村振兴创造出湖南经验、湖南模式，显得极为紧迫且意义重大。

第一节　湖南乡村振兴的典型模式探析

党的十九届五中全会提出，要"优先发展农业农村，全面推进乡村振兴"。湖南省如何展现新作为、彰显新担当？湖南的各地区因地制宜，已涌现出许多新模式，构成了一幅幅美丽的乡村振兴画卷。基于国内外乡村振兴模式的演变与实践，笔者将从振兴主体和资源要素来源两个层面分析，探讨乡村振兴的三种典型模式。

一、"外部资本带动"的发展模式

资本下乡是乡村振兴模式的一种价值选择，通过借助外源性社会资本主体尤其是现代农业公司来整合乡村资源要素，通过土地流转入股的形式打造现代农业经营模式，利用外源性社会资本主体带动农民参与到市场化、资本化的现代农业产业经营。"社会资本下乡"的出现有其特定的现实条件和政策环境。一方面，在城乡融合发展背景下，农村土地承包经营权流转带来了经济效能，给社会资本进入农村参与土地流转带来了动力，促使以龙头企业为主导的农业企业参与经营现代农业；另一方面，大量国家项目资金下乡带来了更多的经济机会，作为乡村发展重要主体的农业公司利用自身优势争取国家项目资金，基层政府也偏好于将项目资金输入到能够迅速带来业绩的龙头企业去。

由龙头企业主导的"社会资本下乡"发展模式，在一定程度上给乡村发展提供了资本，解决了农村资源禀赋不足的难题，激发了土地要素的效能，增加了农民财产性收入，让乡村产业快速实现与市场的有效对接，让一些原子化空心村转变为特色产业村。[①]例如，长沙县的"浔龙河"发展模式，2013年长沙县政府批复浔龙河生态小镇建设项目，打造以"城镇化的乡村、乡村式的城镇"为目标的生态小镇，以原双河村为主体，邻村红花村为辅，规划总面积为14700亩；2015年通过撤乡并镇，两村现已合并为浔龙河村。

在龙头企业进村之前，浔龙河村存在权属不清晰、分配不公、效益不高等问题，特别是林地、宅基地产权不清晰问题较为突出。为全面了解土地现状，双河村成立了土地产权调查小组，由村民推选德高望重的老同志组成，每个村民小组由组长和村民代表参加，邀请专业的测绘队进行勘测。调查阶段对各村民组四界范围、林地、耕地以及塘坝、河流、道路等公共用地进行了测量；经数字化、图形化处理，形成了各组集体土地权属图，由各组予以确认。土地调查确权工作结束后，出具了《双河村土地调查报告》，明晰了土地产权关系。调查结束后，双河村每个组、每户农民的土地承包经营权、集体土地所有权和宅基地的永久性使用权都已明确，权利属于谁都十分清晰。同时，更加全面了解了双河村的土地经营状况，准确掌握了全村土地的具体情况，包括面积、区

---

① 杨磊，徐双敏. 中坚农民支撑的乡村振兴：缘起、功能与路径选择［J］. 改革，2018（10）：60-70.

域、生产条件、生产价值、经营中存在的问题等，为开展规模经营、发展现代农业提供了准确的参考。

双河村根据调查情况，制作颁发了13个组的土地所有权证，明确土地归各组集体所有，为开展土地流转、土地改革等工作打下了良好的基础。通过全面摸清家底，浔龙河村将沉睡的乡村土地资源唤醒，在自愿互利、合法创新、正确引导原则下，经营好全村的集体土地资源，收益由村集体合作社统一分配。土地确权登记有效解决了农村集体土地权属纠纷，在乡村建设中切实维护了农民权益。对农民的土地权利进行确权颁证，使其变为可交易、可转让的资产。通过土地流转、宅基地置换、土地征收、贷款融资等手段将资产转变为农民的资本，实现农民财产性收益增加。同时，30年、50年不变的承包经营权稳定了土地和农民的关系，有利于农民生产积极性的提高和农村社会的稳定。

随着项目的推进，浔龙河村逐渐形成由原住民、周边村民、外来人口组成的规模约4万人的新型社区。为让农民生活"保底"，村集体将闲置土地流转费变成农民的收益，同时土地流转不改变耕地的农用性质。按耕地每亩每年600斤谷，林地150斤谷，坡地、水塘及其他闲置用地200斤谷的标准，依照当年国家粮食收购价以现金的形式发放流转土地的租金，例如按2015年的粮食收购保护价计算，村民户均每年可获得6270元的现金收入，保障了农民的基本生活。在以永久性宅基地使用权置换过程中，充分考虑农民利益，增加农民财产性收益，通过土地增减挂钩政策推动村民实行集中居住。

为实现村民长效稳定增收，在项目区规划出了300亩集体经营建设用地，由村集体以土地入股的方式参与停车场、加油站等可经营项目，其获得的股份收益由村民按土地合作社中的股份比例进行分红，以集体土地收益权实现村民增收的目标。同时，通过成立统一的就业服务中心，为村民就业安置提供培训、指导、安置。通过合理安排就业，可以发挥出人力资源最大的价值，也可以使村民收入水平大幅提升。发展现代农业和乡村旅游，提升土地产出效益，同时保障农民在不损失任何权益的前提下获得稳定的长期可持续收入。从总体上看，浔龙河项目将农村由政府投资为主，转变为由企业、政府、村集体多元主体投资的结构。企业负责项目区内的生态农业、文化、教育、旅游和康养等产业项目建设，发挥出项目建设的主力军和先锋队作用。政府通过城乡公共服务均等化项目、涉农资金和土地收益返还等财政性资金投入，完成项目的基础设施建设和公共配套工程建设。村集体主要负责村民集中居住项目和集体产业项目的投资，多数是以土地资源的置换和入股作为投资方式。

产业是可持续发展的根本动力。浔龙河村抓住地处长沙市近郊独特的地缘优势，兼顾农业、农村、农民利益，统筹生态、文化与小城镇建设，布局生态产业、文化、旅游等产业。可以说，浔龙河项目区的农业产业发展已由过去的农户单独经营转变为企业的规模化集中经营，产业内容也由过去单一的农业产业转变为集生态、文化、教育、旅游和康养等于一体的复合型产业。为发展康养产业，浔龙河村依山就势进行布局和建设，坚持少开挖、不填塘，以自然为主的原则，保护生态资源的同时，依托项目区域内的不同配套，将国有建设用地、集体建设用地、流转土地进行合理布局，加速养老、养生、旅游的融合，打造康养生态圈。该生态圈包括基础层的康养护理、康养保险、康养医疗等，延伸层的康养消费、康养娱乐、康养精神慰藉、康养金融等，环境层的康养科学研究和康养观念等。

浔龙河生态小镇沿着"资本下乡＋土地改革＋生态供给"的新路径，成为长株潭地区集休闲旅游、养生度假为一体的重要旅游打卡地，对我国农村综合改革具有示范意义。

二、"内生力量带动"的发展模式

在农业发展进程中，"小农"一直以来被赋予了重要的经济意义和社会功能。恰亚诺夫认为，乡村发展不能依靠农业资本化，他希望走一条与农民合作的农业发展道路，构建起一种小家庭生产的农民合作社或者基于家庭生产的"小农经济"[①]。国内外大量的实践证明，资本虽然可以在一定程度解决"小农"经济面临的一些问题，例如，小农户与大市场之间的矛盾。小规模的家庭经营具有较高的效率和强大的生命力，尤其是像湖南这种以山丘耕地为主的省份，小规模家庭经营的现象仍然比较普遍。在许多亚非拉发展中国家，殖民主义时代土地产权高度集中的特征被保留下来，强化了资本对"小农"的剥削，出现了严重的农民问题和乡村衰败现象。[②]因此，走一条面向市场的"内生力量带动"的乡村振兴道路，即支持乡村自身通过内部合作逐渐实现乡村发展，将"小农"整合到乡村市场经济体系之中，避免社会资本给乡村发展带来的不利影响。因此，"内生力量带动"模式的根本就是在充分挖掘农村资源

① 张江华. 工分制下农户的经济行为——对恰亚诺夫假说的验证与补充［J］. 社会学研究，2004（06）：95-110.

② 杨磊，徐双敏. 中坚农民支撑的乡村振兴：缘起、功能与路径选择［J］. 改革，2018（10）：60-70.

禀赋的基础上，优化资源配置，通过村支两委，依靠普通农户，实现农民合作，在内部打造乡村振兴"命运共同体"，以互助合作、经济合作组织等方式实现乡村自身经济的积累和转型。

鹊山村位于宁乡市中部，距离长沙市区60公里，距离宁乡市区20公里，距离大成桥镇4公里。宁乡市的母亲河——沩江从东南部穿境而过，老宁横公路穿过村域。鹊山村村域面积6.31平方公里，耕地4205亩，在籍人口有4319人，其中党员170名。鹊山村在结合村域实情的同时，立足当前，面向长远，把握政策，创新机遇，打造鹊山土地合作经营模式，特别是就乡村振兴战略作出了规划和实施方案，充分激发新模式、新主体、新业态、加快孕育新动力，全面实现农业强、农村美、农民富的乡村振兴战略目标。

2014年5月以来，鹊山村以党建为统领探索创新了"农户土地经营权、土地合作社、新型经营主体"的鹊山土地合作经营新路径，突出土地增效、粮食增产、农民增收，形成了"鹊山模式"，堪称农村土地的"第二次革命"。鹊山村通过土地合作，成立了"土地银行"，村集体统一对土地进行管理，并与承包户签订为期11年的合同，与30年承包期剩余时间一致，解决了适度规模经营和谁来种地的问题。土地归集后，鹊山村聘请专家统一规划，按50—100亩划分联片区块，采取公开竞价的方式，将土地承包给新型职业农民或者专业合作社、农业企业和生产大户。目前，全村共有农业企业、专业合作社、农场、养殖场、生产大户等各类新型经营主体共计33个，租赁土地3221亩，占流转土地的77%。

该村以支部党员为主体，以村集体经济合作组织为载体成立农业产业发展公司，建立"党支部＋土地合作社＋新兴职业农民＋社会化服务体系"的新型农业生产经营体系。提升农民科学种田能力，打造新型职业农民队伍，已分批次培养了132名新型职业农民，租种土地占比60%。由54位村民成立4家专业合作社，组建现代农业服务中心，建立农业机械、农资、技术技能、烘干加工等四大服务体系，构建起支撑新型农业全产业链发展的现代化综合服务体系。以村党组织为主导，该村成功注册"鹊山"商标，陆续推出鹊山水稻、鹊山稻虾、鹊山水果、鹊山蔬菜等系列农产品品牌，实现产业集中连片发展。坚持三产融合，将"贪吃侠"项目作为国家综合性改革试点试验项目，实现产养殖与休闲农业融合一体，带动土地经营2500余亩，农家乐4家，帮助530多名当地富余劳动力实现了在家门口就业增收。

鹊山村将盘活闲置资产、利用固定资源、整合可用资金、量化三资入股分红作为推动新型集体经济增收的主要抓手，让农民以土地租金、房屋入股、经营提成、一家一品、工资薪酬、零散务工等多种形式获得经济收入，真正实现农民变股民、资产变资金、资金变股金。通过三资的最优配置，鹊山村撬动社会资本投入8000万元，村级集体经济由2014年的负债213万元到2020年创收102万元，村民人均纯收入由2014年的2万元提高到3.2万元。

随着村级集体的"钱袋子"鼓起来，鹊山村有了更强的能力去开展基础建设、公共服务和基层治理。新建鹊山医院、留守儿童学校、群众文化健身广场，打造集卫生医疗、农家书屋、文化广场为一体的综合服务平台。村级主干道全部完成硬化、绿化、亮化。党的凝聚力、号召力不断增强，乡风文明显著提升。

鹊山村以"乡村振兴战略"为总指导，以"党建"为核心，以推进农业供给侧结构性改革为主线，建立农民—集体的新型发展机制，农村集体经济不断发展、壮大与提高，集体经济组织的规模化、集约化得到稳步提升；农村社会更加和谐稳定；农村集体"三资"管理与运营等制度、机制更趋成熟，农民得到更多财产性收益；农村生态文明获得长足发展，村容村貌更加美好。真正形成产业兴旺、生态宜居、乡风文明、治理有效、生活富裕的新农村。

三、"政府资源输入"的发展模式

根据湖南省近些年来乡村发展的基本经验，大多数落后地区的乡村发展主要是依靠上级政府的资金投入和人才输入，即"自上而下的资源输入"的乡村振兴道路模式，它主要是由国家以及省级层面自上而下向乡村输入资源，培育出带领乡村发展和提升乡村治理效率的新主体。以政府行政力量改造乡村社会、培育和扶持新型农业生产经营主体，具有明显的政府主导特征。

这种模式的治理目标主要表现为：（1）通过向乡村调派工作队，由工作队通过制定发展规划，争取项目资金进村，推动项目落地，促进乡村整体发展。通过人才输入，以工作队带动乡村全面发展，解决乡村发展人才短板，确保国家、省级乡村振兴政策能够落地，带动和聚集乡村发展动能。（2）以项目制为手段为乡村振兴输入资本。通过项目落地改善乡村道路、电力、通信、水利等基础设施的建设，提升乡村教育、医疗、文化娱乐场所等公共产品供给，扶持农民走出公共产品供给的"集体行动困境"，化解制约农村发展的资金困境。（3）实现政府从"汲取"到"给予"的角色转变，通过各种农业综合开发和产业化示范项目，引导和支持农民走适度规模发展道路，促进乡村产业发展和带动农民致富。（4）借助政府资源向合作社、家庭农场和其他新型农业经营主体注入活力，整合多方资源，培育更多的新型乡村振兴社会主体。通过政府资源输入农村后，乡村发展的人才和物质条件得到了极大改善，政府项目资源的输入也会带动社会资本等要素下乡，在较大程度上解决了乡村发展要素短缺的难题，维持了乡村经济的持续发展和社会稳定。

团圆村是湖南省邵阳市武冈市马坪乡下辖的社区，团圆村由原长源村和石塘村合并而成。2021年4月，团圆村被确定为湖南省乡村振兴重点帮扶村。武冈市地税局扶贫工作队入驻该村后，第一时间访问了村里的党员干部、村民代表、致富能手和贫困群众，对贫困户的土地、人口、劳动力、住房、饲养牲畜、家庭收入、在校学生及家庭成员患病等情况进行了深入细致的调查摸底，了解村情民意，理清扶贫帮扶思路。

按照贫困类型和程度分类制定精准帮扶措施，从技术、资金、信息上全方位、多层次、多角度解决群众关心的热点难点问题和实际困难。近两年来，武冈市地税局除自身投资外还主动联系相关部门单位共同投资200余万元，首先帮助解决了村级道路硬化、农村电网改造、人畜饮水工程等基础设施建设问题，为每家每户购置带盖垃圾桶，村容村貌发生了翻天覆地的变化。同时，在农户自愿的原则下，引导没有产业发展能力的贫困户外出务工，切实增加群众收入；指导有产业发展意愿的贫困户根据自身实际情况发展种、养殖业，实施精准帮扶。根据团圆村的种植条件和群众种养殖习惯，武冈市地税局2020年投资3万余元为群众提供了油茶、红心柚、蜜橘等经济作物的树苗，同时为群众提供培训就业帮扶，拓宽增收渠道。为提升村级经济自身"造血"功能，武冈市地税局扶贫工作队帮助村里与企业合作，成立跃湘养猪专业合作社，年出栏生猪600多头，不仅解决了部分群众的务工问题，还能每年为村级集体增加收入63000元。

自2021年5月，进出口银行湖南省分行乡村振兴驻村工作队正式进驻团圆村，开展驻村帮扶工作。乡村振兴驻村工作队从百年党史中厚植为民情怀、强化责任担当，按照该行确立的"有担当、有思路、有特色、有举措、有实效、有后盾、有步骤、有规矩"的"八有"总体要求，因地制宜做实驻村帮扶，不断巩固脱贫成果，为乡村振兴赋能增效。

工作队驻村后，用脚步丈量村里的每寸土地，快速熟悉团圆村的地形地貌，召集乡贤、村中致富带头人开展茶话会活动，共同商讨村集体产业发展思路。同时多次带领村集体领导班子"走出去"开展调研，走访农业龙头企业10余家。通过多次调研、深入讨论，驻村工作队按照"强龙头、创品牌、带农户"的思路，确立了铜鹅养殖"公司＋合作社＋农户"的产业发展模式，促进养殖产业链和产品附加值延伸、增加。目前，村集体合作社已经设计完成"团圆村"品牌logo及标识，养殖基地已经完成项目选址等前期工作，并与相关省级农业龙头企业初步达成合作意向。在壮大村集体经济的同时，进出口银行湖南省分行积极支持武冈市农业龙头企业发展，截至2021年已为武冈众仁旺农牧食品有限公司提供授信4300万元、放款2100万元，支持其发展养猪产业，助力村民增产增收。

在驻村工作队的带领下，团圆村的村容村貌得到了很大改观。驻村工作队把农村人居环境整治提升作为驻村帮扶重点，制订了人居环境整治提升实施方案，明确责任，细化安排，有序推进环境整治。为动员广大村民参与，工作队引导村集体成立村民自治理事会，通过广播、海报、入户宣讲等形式开展宣传，发动全体村民为环境治理筹资、筹劳、筹料；带领村支"两委"赴省级美丽乡村建设示范村进行观摩学习；组织开展"大清扫"主题党日活动，同时建立保洁付费服务机制和卫生评比工作机制，实现了村庄环境共建、共治、共管、共享。2021年7月18日，团圆村代表马坪乡迎接邵阳市委农村工作领导小组检查评比，获得了邵阳市乡镇人居环境第一名的好成绩。

破解难题服务村民。工作队驻村后，围绕履行职责、服务村民做出承诺，在村务公开栏公开联系方式，制订村民走访计划，设立民情登记簿，对村民反映的情况作好登记，全力解决其面临的问题。为巩固拓展脱贫攻坚成果，驻村工作队在全村逐一核实"两不愁三保障"以及饮水安全问题等情况，对于脱贫不稳定户、突发严重困难户、边缘易致贫户这三类脱贫监测户实施结对帮扶，积极为其办实事解难题。新型冠状病毒疫苗接种是疫情防控的最主要措施，驻村工作队与村支"两委"配合，积极推进疫苗宣传、接种，对行动不便人员专车接送，截至2021年，该村疫苗接种率已近99%。为方便村民出行，驻村工作队为村级服务中心、幼儿园等公共服务点更新"电子地图"，得到武冈市驻村办的表扬并向全市推广。

驻村工作队认真贯彻乡村振兴战略决策部署，按照"八有"要求，以更强烈的使命担当做好驻村帮扶工作，充分调动各方资源，积极争取政府项目支持，大力发展特色产业，着力改善农民居住环境，不断提升村民的幸福感、获得感。

第二节　湖南推进乡村振兴战略的路径分析

党的十九大报告已经提出乡村振兴战略的总体理论框架和战略部署，而在具体落实过程中，要在乡村振兴战略的统一部署下，不同地区乡村要因地制宜地探索出多元化的实施路径，从产业发展、基础设施和公共服务升级、农村文化建设、乡村社会治理能力提升、乡村振兴规划制定五个方面出发，不断提高农业农村现代化水平，最终实现乡村全面振兴。

一、加快发展现代产业

产业振兴是实现乡村富裕的根本出路，只有搞活乡村的实体经济，乡村振兴才有物质保障。

（一）充分发挥政府和市场的作用

众所周知，当前我国乡村产业发展仍然薄弱，单纯依靠市场经济难以推进乡村产业发展。必须充分发挥好政府和市场的综合作用，厘清政府与市场的边界。由于乡村产业发展环境欠佳，基础建设费用成本相对较高，如果没有政府资源的支持和引导，社会资本和金融资本一般不愿下乡支持产业发展。因此，要依托我国政府集中力量办大事的制度优势，充分发挥好政府的引导服务配套功能，在完善农村公共服务设施的同时，通过项目资源，实施科学、精准的市场支持政策，引导社会资本和金融资本因地制宜开展乡村产业振兴，完善监督监管体系，避免发生"资本捕获""农户吸纳""产业同质化"等现象。在加强政府监督引导的前提下，要充分发挥好产业经营的市场作用，发挥市场在资源配置中的决定性作用，强化市场化思维和主体责任，突出打造地方特色品牌，培育出具有资源禀赋优势和适应市场需求的乡村产业。按照市场规律优化重组资源要素和生产要素，积极推动城乡在资金、人才、土地、技术方面的各项制度落实到位，促进优质要素向农村流动，推动生产要素有效集聚，推进产业适度规模化发展，实现乡村产业兴旺。

（二）促进一二三产业融合发展

湖南省农村一二三产业融合发展还比较滞后，难以发挥出三产"1＋1＋1＞3"的效应。想要改变将农业视为乡村产业主要发展的思维，就要大力实施农业"接二连三"战略，立足资源优势，依托新型农业经营主体，不仅要加快农业纵向内部融合，还要加快促进农业横向一体化经营。强化种养殖、加工、流通、销售各环节的有机联系，发展适合地方特色的种养殖产业，实现废弃物循环利用，发展生态农业、设施农业。大力发展农产品加工业，鼓励农产品加工科研机构积极对接企业，加速成果转化和对深加工企业的技术升级。深入推进"百企"工程，培育标杆企业，做大做强国家级、省级龙头企业，引导中小微企业发展壮大。引导社会资本全产业链发展农产品加工业。完善农产品供应链基础设施、冷链物流仓储设施和产地预冷设施，加快区域性冷链物流基地建设，发展田头市场，推动农产品加工向产地下沉、与销区对接。抓好"粮头食尾""农头工尾"，发展农产品产地初加工，把产业链主体留在县域范围内，让农民获得更多的产业增值收益。通过农业龙头企业、商超、互联网平台等主体，组织引导资金、土地、劳动力、技术等生产要素与乡村产业相融合，引导城市要素有序流向农村，促进城乡要素双向流动。推动产业之间的集聚与联动、纵向一体化发展，大力促进农业优势特色产业集群发展，分类打造产业核心区、辐射区和加工物流集散区。以县、乡为单位，创建一批农业现代化示范园区，统筹推进现代农业产业园、农业科技园、特色产业园、农产品加工园、农村一二三产业融合发展示范园等建设。大力发展生态农业、观光农业、体验农业等各类特色农业，促进农业与其他产业尤其是文化旅游产业的深度融合，将传统农业变成创意产业、旅游产业和文化产业。

（三）深入推进农产品品牌建设

为适应消费升级、增强市场竞争力、促进农民增收，积极调整优化种养乡村振兴规划结构，着力打好"特色""绿色""优质"牌，大力推进农产品特别是特色农产品品牌建设，完善区域农产品品牌建设规划，建立健全省市、县农产品品牌共建共享机制。构建"湖湘优品"区域公用品牌体系，优化农产品产业结构，深度挖掘地方特色资源，积极推进水稻、蔬菜、水果、养殖、中药材等产业品质提升，逐渐实现农业优势特色产业省级区域公用和片区品牌全面覆盖。加大特色农产品品牌创建、整合、提升力度，注重农产品精深加工，提高品牌附加值，支持地方以优势企业、产业联盟和行业协会为依托，培育壮大一批市场信誉度高、影响力大的区域品牌、企业品牌和产品品牌，每年发布一批"一县一特"优秀农产品品牌，引导市场主体创建知名农业企业品牌和产品品牌，支持开展农产品"三品一标"认证，抓好品种、品质、品牌和标准化生产。加强农产品品牌推介，发挥广电"湘军"等传媒优势，实施"湘媒"推"湘品"行动。建立农业品牌目录制度，规范品牌管理，塑造品牌形象，加强农业品牌的知识产权保护，积极探索"政府推动、企业主导、市场运作、农民参与"的品牌培育和运行机制。

（四）强化农业科技和人才支撑

深入实施科技强农行动，推进科技支撑农业优势特色产业发展计划，部署推进一批重大农业科技项目，加大农业科技关键共性核心技术攻关力度。加强农业科技领域基础研究，强化农业种业安全行动，加大种业攻关研究，加快创新基地平台提质升级。多途径建设科技企业孵化器、院士工作站、星创天地、农业试验示范基地等科技成果转化平台。加快先进适用技术集成创新与推广应用。推进益农信息社提质改造行动、农业物联网示范工程、智慧农场和数字大米示范基地建设。支持建设国家农业高新技术产业示范区、中国油茶科创谷、木本油料资源利用国家重点实验室和全国油茶特色农业气象服务中心。

推进人才强农行动，加强引导激励，吸引更多的人才投身到现代农业发展和乡村振兴中。深入实施科技特派员制度，依托科技专家服务团带动万名科技人员服务农业农村发展。扎实推进高素质农民培育，组织参加技能评价、学历教育等活动。培养壮大"土专家""田秀才"队伍。同时引导社会力量和农民在农村创新创业，培育发展"农村青年致富带头人"。加大农村定向大学生公费培养选拔力度，依托省内外高校培养选拔一批师范生、医学生、农技特岗人员、水利特岗人员以及农业经营管理人才等。加强职业农民和新型农业经营主体培训，培养造就一支懂农业、爱农村、爱农民的"三农"工作队伍。激励更多优秀的城市人才下乡创业，支持和鼓励农民就业创业，为乡村产业兴旺播下人才种子。打造乡村互联网信息人才队伍，促进乡村全面融入信息化浪潮，依靠互联网的高效接受新政策、新技术、新思路、新商机。打造乡村科技人才队伍，依靠科技人才，利用现代科技改造传统农业和农村，依靠科技发展现代农业，促进农村一二三产业融合发展。培育乡土文化人才，促进乡土文化传承和文化创作，繁荣乡土文化，树立文明乡风。

（五）推进农业质量安全建设行动

产业兴旺必须坚持绿色发展理念，依据湖南省各地区生态资源禀赋，发展可持续产业，在追求规模经济效益的同时兼顾生态效益最大化。大力推进化肥、农药、除草剂等减量增效行动，实施有机肥替代化肥的应用示范。推进秸秆综合利用的产业化发展，实施农膜、农药包装物等农业废物的回收行动。持续实施畜禽粪污的资源化利用，完善病死畜禽无害化处理机制，同时发展种养融合、稻鱼综合种养、大水体生态养殖、林下经济等多种农业经营模式。推进农业节水节能增效，加快全省农业面源污染治理，强化动物防疫和农作物病虫害防治体系建设。深入推进农产品质量安全保障工程，加强全程标准化生产与质量控制，深化农产品"身份证"管理，大力推进食用农产品合格证制度、质量安全源头追溯管理；加强农产品质量安全信用体系建设，构建产地准出和市场准入制度，持续开展农产品质量安全县创建；大力开展打击农村假冒伪劣食品专项执法行动；巩固"大棚房"清理整治成果；强化河湖长制；持续推进小水电清理整改；实行林长制，开展国土绿化行动，持续推进生态廊道建设。

二、升级基础设施和公共服务

（一）完善乡村公共基础设施

继续将农民"急难愁盼"的基础设施完善纳入湖南省委、省政府重点民生建设支持项目。深入开展"四好农村路"示范创建，规范推进城乡客运一体化，全面实施路长制。实施乡村公路提质改造行动，大力建设农村公路安防设施，推进乡村公路危桥改造，推动乡乡通三级路、资源路、产业路、旅游路的建设。推进农村公路建设项目更多向进村入户倾斜。继续通过中央车购税补助地方资金、成品油税费改革转移支付、地方政府债券等渠道，按规定支持农村道路发展。深化农村公路管理养护体制改革，市、县两级政府要严格按要求落实农村公路管理养护资金。

实施农村供水保障提升工程，加强中小型水库等稳定水源工程建设和水源保护，实施规模化供水工程建设和小型工程标准化改造，因地制宜推进城乡供水一体化，提高农村自来水普及率。全面巩固提升农村电力保障水平，有序推进农村风力、光伏发电设施的建设。推进燃气下乡，支持建设安全可靠的乡村储气罐站和微管网供气系统。加快数字乡村建设，建立农业农村大数据平台。继续实施农村通信网络提升工程，逐步有序部署农村5G网络设施建设和移动物联网搭建。完善农业气象综合监测网络，提升农业气象灾害防范能力。推进快递服务进村，实现县、乡、村三级物流配送全覆盖。加强村级客运站点、文化体育、公共照明等服务设施建设。建立健全乡村基础设施监管长效机制，鼓励各地将乡村公共服务设施管护费用纳入财政预算。

（二）提高农村人居环境水平

继续加大农村"厕所革命"力度，全面推行"首厕过关制"，持续推进改（新）建农村户用卫生厕所和农村公用厕所，统筹农村改厕和污水治理，开展厕所粪污处理和资源化利用试点示范。推广城乡生活垃圾一体化治理模式，逐步实现农村生活垃圾收运处置体系全覆盖，探索建立区域性终端处置设施，逐步推进农村生活垃圾处理付费机制。开展农村生活垃圾分类减量全覆盖试点示范，逐步做到全面覆盖。优先推进农村生活污水、黑臭水体治理，重点在湘江干流、洞庭湖流域、水源保护地等区域开展农村生活污水治理。开展水系连通及农村水系综合整治、乡镇样板河湖打造。推进宜居农房建设试点，推进农村住房安全隐患排查整治。深入推进村庄清洁行动，加快推进农村人居环境整治各项法规制度与标准体系建设。深入实施"千村美丽、万村整治"工程、"万企兴万村""同心美丽乡村"建设，创建一批美丽乡村、秀美屋场、五美庭院。

（三）提升农村公共服务能力

建立健全城乡公共服务一体化体系。继续加大优质教育资源向农村倾斜的力度，积极推动优质教师资源在城乡间的合理流动，多渠道增加农村普惠性学前教育资源供给，推进义务教育薄弱环节改善与能力提升计划，加快芙蓉学校建设，保留并办好必要的乡村小规模学校，在优化布局基础上提质改造，在县城和中心镇新建、改扩建一批高中阶段学校。继续推进县域内义务教育学校校长教师交流轮岗制度的实施，加强乡村教师培养培训工作，实施农村职校和学科专业建设。构建城乡一体、优质均衡的医疗卫生体系。全面推进健康乡村建设，提高基层卫生服务水平，推进基本公共服务均等化，提升村卫生室标准化建设和健康管理水平，推动乡村医生向执业（助理）医师转变。选建一批中心卫生院，提升乡镇卫生院医疗服务能力，使其达到二级医院水平。实施疾控中心标准建设工程，提升县级疾控机构应对重大疫情及突发公共卫生事件的能力。加强县域紧密型医共体建设。提高对农村妇幼、老年人、残疾人等重点人群的健康服务水平。推进中医药服务基层全覆盖，完善统一的城乡居民基本医疗保险制度。巩固城乡居民医保全国异地就医联网直接结算，落实困难群众参保资助政策，做好医疗保险关系转移接续，实现基本医疗保险全覆盖。规范医疗救助管理；完善城乡一体的社会保障体系建设；发展农村互助养老服务；加强社工人才队伍建设；推进农村公益性殡葬设施建设；提高乡村公共文化设施现代化水平；实施基层文化队伍人才培训计划；开展各类文艺文化下乡惠民活动。建强用好县级融媒体中心，实施"家门口十小"示范工程，持续推进农村基层综合型文化服务中心建设。健全完善"湘融湘爱"农民工服务保障监测预警社会协作机制，抓好返乡留乡农民工就地就近就业。

三、抓实农村文化建设

文化振兴是为乡村"塑魂"，是让乡村永葆魅力、彰显价值的核心所在。实施乡村文化振兴，必须坚持两个文明一起抓，繁荣复兴农村文化，培育文明乡风、良好家风、淳朴民风，改善农民精神风貌，不断提高乡村社会文明程度，焕发乡村文明新气象。[①]这就不仅要借助政府主导等外部力量，还要激发农民的主动性和创新性，强化乡村文化建设的内在力量。

（一）打造乡村特色文化产业

要大力挖掘地方资源，凸显湖南省的地域文化特色，科学把握地域文化的差异性，注重地域特色，保存乡土味道，既要留住绿水青山和红色记忆，还要记得住乡愁。立足于当地的特色小镇、农业遗迹、红色资源、历史文物古迹等，尤其是那些具有浓厚历史和文化底蕴的古镇村落、传统建筑，挖掘开发文化旅游资源，促进乡村振兴文化品质和文化效益的共同提升。地方政府应根据其历史文化资源禀赋，依托当地历史名人、乡村非物质文化遗产项目、民俗礼仪、传统手工艺等，打造一批乡村特色文化产业精品项目，着力打造具有地方特色的乡村文化旅游景点。积极创新乡村文化产业发展模式，增强文化产业发展创新思维，建

① 王磊. 乡村文化振兴的国学思考［N］. 光明日报，2018-07-07.

设一批特色鲜明、优势突出的传统文化、民族民俗文化和红色文化产业展示区。转变文化产业发展模式，注重从数量到质量的转变、从表面展示向内涵挖掘的转变、从要素流出向要素集聚的转变。[①]不断探索乡村文化产业运营新思路，加强乡村文化产品和服务的创意设计，推动乡村文化产业发展与时代需求相衔接，促进文化与旅游、农业、健身、养生、科技等融合发展，打造乡村文化地方特色品牌，构建起集"乡村旅游、研学培训、休闲度假、康体养生"等文化产业新业态，提升乡村文化产业的附加值，实现乡村文化振兴。

（二）弘扬乡村传统优秀文化

要摒弃"一刀切"的思维，打破乡村文化振兴千篇一律的传统模式。深入挖掘湖南乡村传统优秀文化，特别是深入挖掘乡村传统文化蕴含的优秀思想和理念，并赋予其新时代内涵的当代表达，实现时代背景与功能需求相结合，丰富乡村传统文化的内涵，最大程度地挖掘和传承乡村文化，将其有机地渗透到现代生产与生活中。如传统的技艺手工、民风民俗、红色记忆、特色建筑可以与乡村产业、乡村旅游、研学培训相结合，让更多的人了解并参与到对乡土文化的弘扬之中，充分发挥其凝聚价值认同、净化群众心灵、淳化乡风民风的作用，使之成为推动乡村振兴的智慧源泉和内在精神动力。

强化乡村文化遗产保护。充分尊重湖南省乡村丰富多彩的文化，因地制宜地保持文化的多元性。拓宽文化振兴的视角，不仅要保护好数

---

① 李宇佳，刘笑冰，江晶，魏东雄. 乡村振兴背景下乡村文化产业发展展望 [J]. 农业展望，2018（07）：56-65.

量有限的历史文化名村，还应加快开展乡村地区特色文化资源普查。从乡土地域建筑的保护、地域文化的弘扬、非物质文化的传承等多方面，全方位实施乡村文化遗产保护。政府部门尤其是乡村基层文化主管部门应广泛开展文化遗产的普查和调研工作，详细了解我省乡村文化遗产现状，建构系统的乡村文化遗产数据库，并组织相关专家对乡村文化进行鉴别和分类，制定科学、系统、差异化的规划和保护机制。要正确处理乡村文化遗产保护与利用的关系。在乡村文化遗产的保护过程中，还要注重对乡村文化的合理开发利用，特别是对于一些传统古村落、古民宅等有历史和文化价值的乡村建筑，不能为追求一时的经济利益，对其大拆大建，为发展旅游而过度开发，要保留原貌，维护好生态环境。要健全相关法律法规，明确保护主体和责任，为乡村文化遗产保驾护航。

（三）保护好农民的文化权益

农民是振兴乡村文化的关键。没有一支稳定的、有文化的、热爱本地文化传承的农民队伍，乡村文化振兴的内生性动力就无法激发出来。为了促进农村文化繁荣，保障农民的文化权益，就需要发挥政府的主导作用，激发民间社会组织的力量，共同构建"以政府为主导，多元协同的文化参与体系"。一方面，政府要做好顶层设计，发挥主导作用，增加文化发展的财政投入保障机制，激励和引导金融资本与社会资本参与乡村文化发展，创新乡村文化发展管理模式，整合各种文化资源，科学引导和管理乡村文化组织；另一方面，要充分发挥市场机制的作用，不断健全文化市场运作机制，激发社会组织参与乡村文化发展的积极性和主动性，创新乡村文化供给方式，满足新时代农民对多元文化的需求。

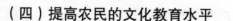

（四）提高农民的文化教育水平

增强农民的主体意识，就要依靠教育这个最重要的"生命机制"。要不断改善乡村教育条件、增加乡村教育培训资金和配备优秀师资力量，要根据农民不同的需求，提供多种可供选择的教育培训模式。就青壮年农民而言，可以通过构建"政府资源＋专门机构＋市场主体"的培训模式，开展个性化、差异化的教育培训，提高其从业能力，以加快乡村文化振兴的速度；就老年人和妇女而言，主要是通过开办老年学校和提供文化娱乐活动场所，提升他们参与文化娱乐活动的积极性。在农闲时，定期举行各种文化培训和表演，学习一些具有地方特色的传统手工和编织技艺，不仅可以让传统技艺得以传承，还可以为农民创收。就留守儿童而言，可以增加乡村传统文化教学，开办一些特色文化课程，丰富学校教学内容设计，培养他们对乡村文化的认知和情感，让他们感受到乡村文化的独特价值和魅力。此外，要针对青少年儿童打造一些乡村传统文化教育基地，让他们身临其境地感受丰富多彩的传统文化，增强传承创新乡村文化的意识。

四、提升乡村社会治理能力

（一）强化党的领导

深入贯彻《中国共产党农村工作条例》和湖南省委制定的实施办法，落实"五级书记抓乡村振兴"要求，健全农村工作领导体制，建立健全上下贯通、精准施策、一抓到底的乡村振兴工作体系。市县级党委要定期研究乡村振兴工作，县委书记应当把主要精力放在"三农"工作上。建立乡村振兴联系点制度，省市县级党委和政府负责同志都要确定联系点。开展县乡村党组织书记乡村振兴轮训，将乡村人才振兴纳入党委人才工作总体部署，强化人才服务乡村激励约束。要加强党委农村工作领导小组和工作机构建设，充分发挥各级党委农村工作领导小组牵头抓总、统筹协调作用，成员单位出台重大涉农政策、文件要征求同级党委农村工作领导小组意见并进行备案。围绕"五大振兴"目标任务，设立由党委和政府负责同志领导的专项小组或工作专班，明确牵头单位、责任单位，制定工作方案，压实工作责任。强化党委农村工作领导小组办公室决策参谋、统筹协调、政策指导、推动落实、督促检查等职能，加强各级党委农村工作领导小组办公室机构设置和人员配置。

（二）提升乡村基层建设和治理水平

加强农村基层党组织建设，推进抓党建促乡村振兴，深入推进全面加强基层建设政策措施落实落地，持续整顿软弱涣散的村党组织。有序开展乡镇、村集中换届，选优配强乡镇领导班子、村"两委"成员特别是党组织书记。在有条件的地方积极推行村党组织书记通过法定程序担任村民委员会主任和村级集体经济组织、合作经济组织负责人，因地制宜、不搞"一刀切"。全面落实村党组织书记县级备案管理制度和村"两委"成员县级联审常态化机制。坚持和完善向重点乡村选派驻村第一书记和工作队制度。推进乡村治理试点示范创建，培育选树一批乡村治理先进典型，探索"互联网＋"网格管理服务模式。强化农村集体经济组织在乡村治理中的作用。建立村（社区）工作事项准入制度，依法厘清乡镇（街道）与基层群众性自治组织权责边界。完善村规民约。加强乡村法治宣传教育，开展民主法治示范村创建，培育农村学法示范户，推进乡村法治文化建设，建设法治乡村。发挥乡村德治作用，加强乡村治理模式集成推广。加强新时代农村精神文明建设，深入开展学习习近平新时代中国特色社会主义思想宣传教育，广泛开展"听党话、感党恩、跟党走"宣讲。深化群众性精神文明创建，开展农民丰收节等活动。深入挖掘湖湘文化资源，弘扬红色基因，开展红色教育。持续推进农村移风易俗，推动形成文明乡风、良好家风、淳朴民风。打击农村非法宗教活动，依法制止利用宗教干预农村公共事务和向未成年人传教，做好农村反邪教工作。建立健全农村地区扫黑除恶常态化机制，深入推进乡村"雪亮工程"和"一村一辅警"工程。加强县乡村应急管理和消防安全体系、能力建设，做好对重大事件的风险评估、监测预警、应急处置。

（三）深入推进农村各项改革

深化农村土地制度改革，保持农村土地承包关系稳定并长久不变，稳步开展第二轮土地承包到期后再延长30年试点，推进农村土地经营权规范流转和风险防范。创新农村承包地"三权分置"制度，探索宅基地所有权、资格权、使用权"三权分置"，探索实施农村集体经营性建设用地入市制度。处理好农民与土地的关系，落实盘活农村存量建设用地政策，实行负面清单管理，优先保障乡村产业发展、乡村建设用地。探索灵活多样的供地方式，满足乡村休闲观光、农产品加工等产业分散布局的实际需要。规范开展城乡建设用地增减挂钩，稳慎开展农村宅基地制度改革试点，规范开展房地一体宅基地日常登记颁证工作。巩固农村集体产权制度改革成果，发展壮大新型农村集体经济。加强农村产权流转交易和管理信息网络平台建设，提供综合服务。保障进城落户农民土地承包权、宅基地使用权、集体收益分配权，研究制定依法自愿有偿转让的具体办法。深化农业领域综合行政执法改革，持续深化供销合作社综合改革，开展生产、供销、信用"三位一体"综合合作试点，健全服务农民生产生活综合平台。深入推进农业水价综合改革、集体林权制度改革，积极探索水资源资产化改革。完善农业农村人才引进和培育体系，建立健全各类农业农村人才的界定、引进、培训和激励机制。有序推进新型职业农民和各类新型农业经营主体的培育工程，培育发展家庭农场、合作社、龙头企业、社会化服务组织和农业产业化联合体。完善"大学生村官"、农村"第一书记"制度，培育一批基层党组织带头人，充分发挥乡贤、村优秀党员和返乡创业人员治理村庄的能力，积极鼓励农民和城镇居民返乡创新创业，促进农村多种业态融合发展，激活乡村发展新动能。[①]

（四）构建多元一体的乡村治理体系

十九大报告提出："加强农村基层基础工作，健全自治、法治、德治相结合的乡村治理体系。"在推进乡村振兴进程中，应不断创新乡村社会治理模式。一是要加强乡村自治。实施乡村自我管理、自我服务与

① 刘合光. 乡村振兴战略的关键点、发展路径与风险规避［J］. 新疆师范大学学报（哲学社会科学版），2018（03）：25-32.

自我监督，还权于基层自治组织，增强乡村治理主体责任意识，减少对基层政府的行政干预，赋予乡村更多自主权。落实好乡村自治，建立健全乡村自治组织，乡村自治组织应强化主体责任意识，赋予自治组织有效的权力，充分发挥"上传下达"的作用，加强组织和动员群众参与乡村治理，让农民真正参与到乡村治理中来，形成良好的组织基础，以确保乡村振兴战略的可持续。加强党对乡村自治组织的领导和协助，选好乡村治理带头人，保障第一书记在实施乡村振兴过程中拥有更多的发挥空间，对第一书记加强过程管理与业务培训，以增强村"两委"班子的公信力、执行力，把村民委员会建成村民自己的组织，保障好、维护好农民自主管理村事务的民主权利。二是要强化乡村德治建设，充分发挥新乡贤在德治建设中的作用，立足于我国优秀传统文化，加强家风和乡风建设，大力开展宣传社会主义核心价值观教育，不断完善村规民约等道德约束机制，培育文明乡风和优良家风，从源头上预防基层社会矛盾的产生，促进乡村社会和谐发展。三是要加强乡村法治建设，明确乡村法治的主体责任，构建完善的乡村法治体系，广泛开展依法治理宣传教育活动，加强对乡村执法的监督，加大对基层和乡村干部腐败的打击力度，纯洁和净化乡村治理的干部队伍。广泛宣传引导农民采取法治的方式解决问题，逐渐形成依法办事、用法解决问题矛盾的良好法治环境。

（五）健全乡村振兴考核落实机制

湖南省各市、州党委和政府每年年底前向省委、省政府报告乡村振兴战略的进展情况。完善实施乡村振兴战略实绩考核制度，对市、县党政领导班子和领导干部开展乡村振兴实绩考核，并将其纳入党政领导班子和领导干部综合考核评价内容，实行分类考核。加强考核结果应用，注重提拔使用乡村振兴实绩突出的党政领导干部。对考核排名落后、履职不力的市县党委和政府主要负责同志进行约谈，建立常态化约谈机制。强化乡村振兴督查。总结推广各地乡村振兴经验，在全社会营造共同推进乡村振兴的浓厚氛围。

五、加快数字乡村建设

数字经济已经成为我国经济转型发展的重要推动力，也为我国乡村振兴注入了新动能。在2018年中央一号文件《中共中央 国务院关于实施乡村振兴战略的意见》中，多次提及"实施数字乡村战略""数字农业农村"等，2022年中央一号文件再次强调大力推进数字乡村建设。可见，数字技术与乡村振兴战略实施联系十分重要。

（一）实施乡村设施数字化建设

众所周知，不少农村之所以贫困，一个重要的原因就是信息闭塞，新技术、新成果的推广与应用严重滞后。以数字技术为例，在城市已经广泛应用，但在农村尤其是偏远地区，推广与应用还远远不够，这导致一些乡村长期处于贫困状态，而数字技术在农村推广滞后的重要原因就是信息基础设施落后。信息基础设施是战略性公共基础设施，也是新时代乡村发展的基础支撑，中央及各地方要结合本地实际情况，加快"数字乡村"的顶层设计，进一步加大"数字乡村"的资金投入和建设力度。一方面，要补齐农村基础设施这个短板，重点推进宽带乡村建设，加快农村光纤网络深度覆盖和优化提升，满足乡村家庭对高速宽带网络的应用需求。同时也要加快弥合"数字鸿沟"，实施乡村网络设施"查漏补缺、除盲补点"建设，提升农村电信服务范围。打造乡村物联网，实现县、乡、镇、村物流网络的全面覆盖，引导涉农电商企业在基础设施完善的乡村进行物流网点支撑建设，努力实现"互联网＋农产品"出村工程建设。另一方面，鉴于农村信息基础设施投入成本较高的现状，应加强政府与社会资本合作，充分发挥市场在配置资源中的决定性作用，推动政府与各参与主体之间的协作，加快农村大数据设施建设，兼顾大数据运营的公共性和盈利性，引导和吸引更多社会资本投资乡村振兴大数据中心的基础设施建设。

（二）实施乡村产业数字化建设

数字经济对乡村振兴的最大价值就在于用数字生产力改造提升农业、农村工业和农村服务业效率，从而推动乡村产业振兴。产业发展是乡村振兴的核心，其关键是要用数字化手段推动乡村三产融合发展，构建现代农业产业体系、生产体系、经营体系，建立农产品全产业链大数据平台搭建，利用北斗卫星先进导航系统建立观测平台，充分应用云计算、大数据、物联网、人工智能等信息技术，促进农业生产、经营、管理的数字化、网络化、智能化，释放数字化对农业农村发展的放大、叠加、倍增作用。加快数字技术在农业生产领域的普及与应用，发展数字田园、精细农业、智慧养殖、智能农机等，对农业生产进行精准控制，提高农业生产智能化水平；提升农业服务的数字化水平，大力发展智慧水利、农技专家远程指导、智慧销售等，着力提高为农服务水平；运用大数据、云计算等技术，改进监测统计、分析预警、信息发布等手段，加快健全农业信息监测预警体系，更好地引导农民以市场为导向发展农业生产；构建农产品质量安全追溯体系，利用现代信息技术加强农产品产地环境和农药、化肥、病虫害情况监测、产地安全保障与风险预警的网络化监控与诊断，实现农产品从"田间"到"舌尖"的全程监控；积极探索发展适销对路的数字化农业服务，挖掘乡村发展潜力，大力鼓励和推进乡村与旅游、文化深度融合，发展旅游观光、养生农业、农业创意、创意民宿、直播农业等新产业、新业态。

（三）实施乡村生活数字化建设

乡村振兴的根本目的是为了提高广大农民生活水平。农村数字经济发展不仅在改善农村生产生活条件、提高村民生活品质等方面发挥至关重要的作用，还能不断提升农民的获得感、幸福感、安全感。要坚持以人民为中心的思想，加快智能型乡村建设，大力提升农民数字化生活水平。加快农村电商服务体系信息化建设，畅通农产品上行和商品下行渠道，打通"农产品进城、工业品下乡"的"最后一公里"，从而增加农民收入，扩大农村消费市场；加快推进"互联网＋教育""互联网＋医疗""互联网＋养老""互联网＋社区服务""互联网＋文化"等便捷优质服务资源；加快发展"数字＋生态"，充分利用数字技术手段，加强生态环境监控，统筹山林田湖水草系统治理和农村人居环境整治，严守生态保护红线。以绿色发展促进乡村振兴，推广农业绿色生产方式，发展绿色农业，倡导乡村绿色生活方式，提升乡村生态保护信息化水平，实现百姓富、乡村美的统一。把提升农民数字素养上升到战略高度，实施乡村"数字＋素质"项目，用信息化手段培养出一批善用信息技术、善于网络经营的新型职业农民，顺利推进乡村数字化建设。

（四）实施乡村治理数字化建设

可以说乡村治理是农村最大的问题，社会治理的基础在基层，薄弱环节在乡村。数字化为乡村的有效治理提供了重要手段，数字化平台能够助力乡村治理体系和治理能力的现代化建设。乡村治理向乡村管理数字化转型，是新时代农业农村现代化的标志性指标之一，也是全面推进乡村振兴的必由之路。加快推进乡村治理数字化建设工程，实现乡村村务、政务、党务等信息与服务的数字化，提高村民参与度，实现法治、自治和德治"三治"的有效融合，推动数字经济与农村治理深度融合。充分利用互联网等技术手段，把"最多跑一次""一窗受理、集成服务"等改革工作向基层延伸，加快完善乡镇基层治理综合信息平台和农村便民服务中心建设，完成政务数据资源的归集、共享、交换、治理和开放，打破信息孤岛，进一步解决村民反映的办事难、办事慢、办事繁的问题。利用卫星遥感技术、无人机、高清远程视频监控系统与"5G＋物联网传感技术"的融合，统筹城乡国土空间开发，优化乡村生态空间，提升乡村规划、建设和管理水平。充分利用数字技术，将精细化的公共服务延伸覆盖到农村地区，加强农村治安防控体系建设，推进农村社区网格化管理，打造充满活力、和谐有序的善治乡村。

数字化建设既是乡村振兴战略的发展方向，也是建设网络强国、数字中国、智慧社区的重要内容。建设乡村数字经济新体系，大力培育适应信息发展的新农民，让农业成为有奔头的产业、让农民成为有吸引力的职业，让农村成为安居乐业的美丽家园。要不断加强整体协调、统筹推进和试点示范力度，遵循乡村发展和信息化发展规律，加快推进我省部分乡村进行数字化试点示范，通过试点总结经验，然后逐步推广到全国，培育乡村新业态，开展乡村治理新局面，助力我国乡村全面振兴。

六、统筹制定乡村振兴规划

（一）各级政府科学制定乡村振兴规划

规划先行是战略行动落实的向导。在准确把握乡村发展新阶段、新情况、新特征和新规律的基础上，各级政府要坚持顶层设计，逐级科学制定乡村振兴战略发展规划。一是要整体推进。各级政府的战略规划要体现出整体性、科学性和前瞻性。要按照实施乡村振兴战略20字总要求，从建立健全城乡融合发展体制和机制着手，深入推进农业农村现代化。二是要系统谋划。规划要体现适应性、系统性、客观性。既要从各地实际出发，又要与中央要求保持一致，即战略规划既要做到通天，着眼于国家整体战略的需要，又要接地，因地制宜，制定出符合地方实际的发展举措。三是要体现全球视野。我国的乡村振兴是全球乡村治理体系种不可或缺的一个重要组成部分，乡村振兴规划要坚持国际视野，着眼全球治理，努力在全球乡村治理体系中贡献中国方案和中国智慧。[①]

---

① 廖彩荣，陈美球. 乡村振兴战略的理论逻辑、科学内涵与实现路径［J］. 农林经济管理学报，2017（06）：795-892.

（二）加快编制村庄规划

统筹县域城镇和村庄规划建设，科学布局乡村生态空间，强化人才振兴规划，分类推进村庄发展、人才支撑体系规划的编制与实施。在县级国土空间规划编制的前提下，对有条件、有需求的村庄尽快实现规划全覆盖。加强村庄发展规划风貌引导，保护传统村落、传统民居和历史文化名村名镇、少数民族特色村镇。处理好农村宅基地改革管理和村庄规划的关系，积极引导农民参与规划编制和科学合理建房，避免出现规划与执行"两张皮"现象。加快培养专业乡村规划队伍，组织动员社会力量开展规划服务。加强村庄规划基础研究，组织相关规划专家进行研讨，落实县乡级政府统筹推进乡村规划编制与实施的主体责任。

06 | 第六章
国内外乡村振兴的
发展经验和启示

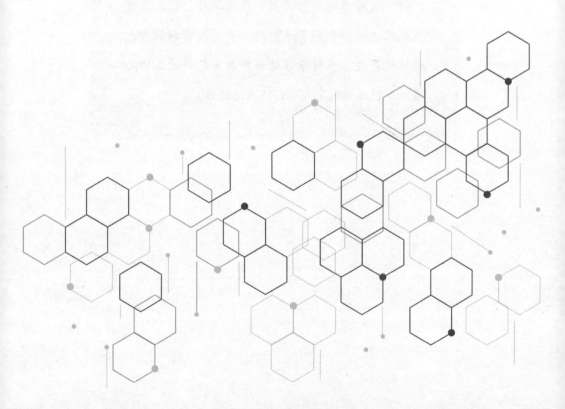

改革开放以来，随着工业化、城镇化的快速推进，我国经济取得了举世瞩目的成绩，但随之而来的是城乡经济发展不平衡不充分及矛盾的加剧，也导致了城乡生存与发展环境的差距不断拉大。2021年中央一号文件的出台，全国范围内践行"全面推进乡村振兴"落地见效，农业农村现代化也在如火如荼地推进。发达国家和国内先进地区在进行乡村振兴过程中拥有怎样的成功之道？乡村振兴究竟又是如何推进的呢？

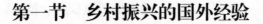

第一节　乡村振兴的国外经验

一、北美发达国家的乡村振兴

（一）美国乡村振兴之路

20世纪初，随着大量人口涌入城市，引发美国城市的人口快速增长，造成城市中心过度拥挤，使得许多中产阶级逐渐向城市郊区迁移，推动了小城镇的快速发展，而小城镇建设又带动了周边乡村的发展。再加上汽车等交通工具的普及，小城镇功能设施的不断完善以及良好的自然环境，再加上1981年出台的《美国环保局公共参与政策》，进一步助推了小城镇的成长和发展。与此同时，美国政府也出台了一系列大力推行小城镇建设的政策，加速了小城镇发展。1960年美国推行的"示范城市"试验计划，就是通过小城镇建设来分流大城市的人口压力，采取城乡一体化发展道路，以遵循城乡互惠共生为原则，通过以城带乡、城乡融合发展等策略来推进乡村社会的发展，进而实现工业与农业、城市与乡村共赢的局面。

美国政府十分强调打造富有个性化的乡村，结合乡村区位优势和地区特色，达到经济发展、居住环境和休闲旅游等多重目标的实现。1968年美国政府出台《国家荒野和风景河流法案》《国家走道系统法案》等政策法案，不仅促进了美国乡村农场、牧场的发展，也探索出了新的农业经营模式——"嗜好农场"，为游客提供骑马、挤牛奶等休闲娱乐项目，实现了休闲娱乐与乡村旅游的融合。①

美国政府也非常注重新技术在乡村的应用推广，不断强化互联网技术应用于乡村发展，促进了传统农业生产经营方式的改变以及效率的大幅提高，加速了农业现代化进程。例如，2009年美国政府颁布的《美国复苏与再投资法案》、2018出台的《农业提升法案》，明确提出了强化乡村通信设施建设，加大对乡村互联网设施建设的投入力度，大大促进了互联网技术与农业生产经营的结合，2009—2016财政年度，美国财政资助乡村发展的各类项目达138.94万个，资助金额为2534.34亿美元，有力地促进了乡村社会的稳定发展。

（二）加拿大乡村振兴之路

加拿大政府通过推进农村协作伙伴计划来促进乡村发展。在互相交流和充分沟通的基础上，通过跨部门之间的协商合作形成战略伙伴关系，最终共同致力于乡村善治目标的实现，最为典型的就是加拿大的农村发展计划。加拿大作为发达国家之一，也存在着城乡之间贫富分化的情况。为了扭转这一现象，提升乡村社会的发展活力，加拿大政府于1998年颁布并实施了《加拿大农村协作伙伴计划》，加大了对农村基础

---

① 朱红根，宋成校. 乡村振兴的国际经验及其启示［J］. 世界农业，2020（03）：4-11.

设施建设、公共事务治理以及村民的就业教育问题的解决力度。

加拿大伙伴型乡村治理模式主要是通过建立跨部门的农村工作小组支持和解决乡村问题，建立乡村对话机制，定期举办乡村会议、交流学习、在线讨论等活动，及时掌握社情民意，各级政府部门官员始终站在村民立场上，为民众排忧解难。同时，通过推动和组织不同主题的乡村发展项目，培育和激发企业和个人到乡村创新创业的激情。在欠发达的乡村地区建立信息服务系统和电子政务网站，为村民提供信息咨询服务和专业指导建议。通过农村协作计划的实行，政府成了维护村民利益、提高农民生活水平的好伙伴，极大地推动了乡村地区的发展和社会的繁荣。

加拿大的乡村伙伴协作型模式改变了以往政府高高在上的形象，政府通过协调各部门之间的关系，与村民形成了新型的合作伙伴关系，积极帮助农民改善生活，促进农业农村现代化的快速实现。伙伴协作型乡村治理模式在于通过实现城乡的统筹协调发展，平衡城市与乡村经济社会发展的水平，提高了农村社会的整体效益。

二、欧盟发达国家的乡村振兴

欧盟发达国家在经济发展初期大多采取城市、工业优先发展战略，而乡村成为城市化、工业化所需资源要素的供给地，加剧了城乡发展不平衡，而强烈的生产主义逻辑和行为，又迫使生产性农业以及生产主义乡村均遭遇了致命的危机①，导致各国相继出现不同程度的环境污染、交通拥堵、城市发展动能下降等问题。为了解决这些问题，欧盟发达国家通过法律约束、政策支持以及社会力量参与等方式，支持乡村优先全面发展。其具体措施如下：

（一）实施"乡村发展计划"

1996年，欧盟农业委员会在爱尔兰寇克（Cork）召开有关全球化浪潮下乡村地区发展的会议，参会者一致认为：应当更加充分地激发农村地区的发展潜力，乡村的明天才会更好，需要各国决策者们步调一致，齐心协力渡过难关。"Cork宣言"拉开了欧洲各国发展农村、复兴农业的序幕。为了促进智慧、可持续和包容的发展，确保自然资源及环境的可持续利用，要求农村发展的资金支持应优先保障农业和农村发展的知识创新。提升资源的有效利用，减少贫困，增进社会福利和社会包容性，各成员国应积极制定农村发展战略，以及可操作的实施路径。欧盟每7年一度的"乡村发展计划"，是"共同农业政策"的重要基石。

《乡村发展计划2014—2020》的主要法律框架包括：农村发展项目及规划、农村发展的财政支持、直接支付及有关转移支付等方面的法规。欧盟境内农村发展资助的优先领域包括：农业经营管理水平的提升，包括新一代农民的培养和支持；农产品和食品的质量控制；提供灾害保险及其他保障；加强对农场及农业产业的支持力度；农村地区的基础设施和乡村复兴建设，如投资商业网络、宽带及其他基础设施；支持

---

① 夏益国，孙群，刘艳华. 美国农场的耕地集中：现状、动因及影响［J］. 中国农村经济，2015（04）：81-96.

林业发展，建立农林一体化体制；灾害管理、保险及风险基金的使用分配；农户收入保障措施等。该发展计划由欧洲农村发展农业基金支持，覆盖118个农村发展子项目，总额达610亿欧元。该委员会每7年设立当期的优先发展项目和重点支持政策，各成员国及区域通过其农业部门申报计划，争取相关配套资金的划拨，在项目实施后由另外的机构评估实施效果。每7年一度的协商和立法机制，既能保证政策的连续性，又能及时调整成员国之间的发展新态势，将法案的严肃性和时效性结合起来。

（二）实现城乡一体化发展

加大政策与资金向乡村倾斜的力度，通过以城带乡、以工促农促进城乡一体化发展，实现乡村与城市均衡发展，不断缩小城乡发展差距。

一是加强道路、水利、电力、通信、网络、环保等公共基础设施建设，确保乡村公共基础设施水平与城市公共基础设施均衡推进，提升乡村经济社会发展的支撑条件，例如，瑞士通过国家财政拨款和民间自筹资金的方式为乡村建设学校、医院、活动场所以及修建天然气管道、增设乡村交通等基础设施，以此完善农村公共服务体系，缩小城乡之间的差距。1965年德国颁布的《空间规划法》、巴伐利亚州通过的《城乡发展规划》明确了"城乡等值化"概念，通过法律规定乡村居民享有与城市居民同等的生活条件、工作待遇。1954年德国提出了村庄更新的概念，在《土地整理法》中政府将乡村建设和农村公共基础设施完善作为村庄更新的重要任务。在1976年，不仅首次将村庄更新写入到修订的《土地整理法》中，而且试图保持村庄的地方特色和独具优势来对乡村的社会环境和基础设施进行整顿完善。

二是完善乡村社会保障体系，促进乡村教育、医疗卫生以及养老保障制度等与城市接轨。例如，2000年英国政府颁布的《农村白皮书》也强调健全乡村社会保障制度，构建起了英国农民完善的健康服务体系。

（三）通过农地改革推进农业发展

土地与乡村资源匮乏是欧盟发达国民普遍面临的发展问题，为了解决农地资源的不足，欧盟发达国家大多通过整合现有农村资源，充分发挥地区优势，进行土地整治，通过对乡村的精耕细作、多重精简利用的方式，推进农业现代化发展，达到规模化和专业化的经济社会效益。例如，1936年德国政府实施的《帝国土地改革法》，由此开始对乡村的农地、生产用地以及荒废地进行合理规划。英国于第二次世界大战后颁布了第一个《农业法》，注重强化对农业耕地的保护。荷兰政府在20世纪50年代就颁布实行了《土地整理法》，明确了政府在乡村治理中的各项职责和乡村发展的基本策略。在此之后通过的《空间规划法》对乡村社会的农地整理进行了详细的规定，明确乡村的每一块土地使用都必须符合法案条文。1970年以后，荷兰政府重新审视了农地整理的目标，通过更加科学合理地规划和管理，避免和减少农地利用的碎片化现象，实现农地经营的规模化和完整性。通过合法规划农地利用，推动了乡村旅游和服务业的发展。国土面积仅有4万多平方公里的荷兰，却成为仅次于美国的世界第二大农业出口国，这与荷兰乡村实行的精简集约型的农地整理是密不可分的。此外，法国实施一体化农业和领土整治，通过国家相关法律法规帮助和支持经济欠发达地区的乡村，实现农村社会资源的优化配置，以此加快乡村社会现代化建设。

（四）推进乡村生态环境治理

坚持生态保护、促进人与自然和谐共存的理念。通过生态环境建设提升农村吸引力，加强培养村民生态环境保护意识，注重自然环境的美化和乡村基础设施的完善，实现生态系统的长期稳定与均衡发展。例如，瑞士将环保教育元素纳入职业教育体系，使生态环境保护理念深入人心，通过营造优美的环境、特色的乡村风光，把乡村与周边的自然环境协调起来，打造独具特色的田园风光，使其成为人们休闲娱乐和户外旅行的好去处，实现了乡村的增值发展。法国政府通过设立大量的自然保护区，坚守绿地、农村牧场等土地的最低使用限度，修复与维持乡村自然景观与绿色风貌。20世纪90年代，德国的村庄更新融入了更多的科学生态发展元素，乡村的文化价值、休闲价值和生态价值被提升到和经济价值同等的重要地位，实现了村庄的可持续发展。

（五）注重社会力量参与乡村发展

推动乡村发展光靠政府力量是难以解决乡村经济社会发展面临的诸多问题的，因此引导和激励社会力量参与乡村发展必不可少。欧盟一些发达国家通过注重发挥民间社会力量参与乡村振兴的作用，大大提高了乡村发展和治理的效率。例如，英国鼓励社会力量参与乡村历史文化保护，实现政府与社会团体协同发力。英国注重发挥政府咨询机构及民间机构参与乡村发展的作用，如英国自然委员会对帮助保护英国乡村自然和特色景观起到积极作用。英国民间在社区发展规划、推动乡村地方自治和可持续发展的参与度很高。为了缩小乡村与城市网络的差距，德国政府于2016年推出了"数字战略2025"，努力引导社会资本参与乡村互联网建设，以缓解城乡互联网发展的不均衡、不协调。

三、亚洲发达国家和地区的乡村振兴

自20世纪50年代开始，日本和亚洲"四小龙"率先调整经济发展政策、制定国民经济发展计划。这些国家和地区利用发达国家向发展中国家和地区转移劳动密集型产业的机会，吸引大量的外国资金和技术，利用本地廉价而良好的劳动力优势，实现了经济的高速增长。然而，在这一进程中，大量乡村劳动力转移至非农产业部门，出现了城市经济快速增长与乡村发展停滞并存的局面，城乡发展不平衡加剧，贫富差距不断拉大。基于这种情形，这些国家和地区的政府先后采取了一些对策以促进乡村振兴。

（一）实现三大产业融合发展

三大产业融合发展是驱动乡村经济发展的主要动力之一，能够增加农民就业岗位，提高农民收入。通过加大对乡村工业园区的财政支持，制定相关税收、贷款优惠等政策措施，实施宏观调控，引导和激励城市工业和服务业合理有序转移至乡村。以建设现代化的农业科技园为载体，最大限度地提高农业生产力水平。实现现代技术与农业生产有效结合，大大提高了农业生产效率。促进产业融合发展，打造特色农业生产经营链，实现农业生产、加工与经营一体化发展。

20世纪50年代，日本政府相继出台了《农业基本法》《农村地区引进工业促进法》，政府对农业生产给予大量补贴和投入，开启了大规模的乡村工业化行动，推动了乡村工业的发展。为了提升农产品的附加值，日本政府对农、林、牧、副、渔产品实行一次性深加工的策略，并充分发挥日本综合农协的作用，在农产品的生产、加工、流通和销售环节建立产业链，促进产品的顺利交易。

为了优化农业产业结构，增加农民收入，韩国政府通过改变农业生产经营方式，推广种植水稻新品种，增种经济类作物，建设专业化农产品生产基地，推行以乡村工业为载体的园区模式，实施"农户副业企业"计划、"新村工厂"计划以及"农村工业园区"计划，引导乡村建设农产品生产与加工工厂，并且引进新技术以提高农业生产经营效率，将传统单一的农业发展模式向集生产、加工、销售等为一体的现代化经营模式转变。

新加坡通过国家投资建设农业科技园，然后通过招标方式租给商人或公司经营。每个科技园内都有不同性质的作业，如养鸡场、胡姬花园（出口多品种胡姬花）、渔场（出口观赏鱼）、牛羊场、蘑菇园、豆芽农场和菜园等。这些农场采用最新、最适用的技术，取得了比常规农业系统更高的产量。

（二）不断完善乡村基础设施

强力推进基础设施建设，不断完善乡村交通网络，提升水、电供应系统能力，大力推进太阳能、风能等新型清洁能源设施建设。例如，20世纪70年代，韩国政府开展的"新村运动"，针对农村基础设施破旧的现状，政府在乡村积极兴建公共道路、地下水管道、乡村交通、河道桥梁，动员农民共同建设"安乐窝"，以此整顿农村生活环境，改善乡村居住条件，提升农民生活质量。通过"新村运动"，韩国基本实现了乡村现代化。新加坡通过发展现代化都市农业，打造创意"垂直农场"。这一节能环保型农场的动力能源取自太阳能、风力及不可食用的植物废料，并用污水来灌溉。人们还可以在封闭的灌溉系统中循环用水以减少用水量、避免径流造成土肥流失。

（三）大力发展乡村休闲旅游业

亚洲发达国家和地区通过大力发展乡村旅游业来带动乡村经济的快速发展，保障了农民收入来源的稳定。日本通过"造村运动"，注重生态环境保护和乡村景观美化，充分挖掘乡村特色文化的潜在价值，大力发展乡村旅游。韩国则通过"一人一村"运动，设立专家咨询系统，为乡村旅游发展存在的问题提供咨询、建议服务，从而有效化解乡村旅游业发展中存在的部分矛盾；同时韩国在发展乡村旅游方面更加注重其营销方式与宣传形式[①]。

新加坡作为一个城市国家，素有"花园城市"的美誉。在几乎没有农业的背景下发展现代都市农业，建设都市型科技观光农业，推动经济社会发展。中国台湾地区采取了加快农业转型，调整农业结构的措施，在发展农业生产的同时，进一步开发农业生活、生态功能，使农业从第一产业向第三产业延伸，大力发展观光农业和休闲农业。台湾地区充分利用环境优美、景观独特、地域性强的特点，打造乡村花园。成立了清

---

① 朱红根，宋成校. 乡村振兴的国际经验及其启示［J］. 世界农业，2020（03）：4–11.

境观光发展促进会，共同推广乡村民宿，推动当地乡村民宿健康发展。同时，利用广泛的农村农业资源，结合农村一二三产业融合发展现状，制定合理的顶层设计，通过打造观光农园、休闲农场、市民农园等，推动休闲农业和乡村旅游的发展，助力乡村振兴。

（四）通过互助合作提升农民素质

人才是乡村可持续发展的关键，但单靠农民自身难以实现乡村人才的累积，为了解决乡村发展人才短缺的瓶颈问题，一些亚洲发达国家借助政府力量，充分调动和激发农民主体的积极性，努力提升农民的整体素质。日本政府通过完善教育指导模式，开设各类农业培训班、建立符合农民需求的补习中心，提高农民的综合素质和农业知识，提升乡村治理效率。韩国在全国实行"勤勉、自助、协同"的新村运动，培育和发展互助合作型的农协，为各类农户提供专业服务和生产指导，以此促进城乡实现共赢。在各个乡镇和农村建立村民会馆，用于开展各类文化活动，激发农民的参与性和积极性。政府在农村中开展国民精神教育活动，提高村民的知识文化，创造性地让农民自己管理和建设乡村。

四、金砖国家（新兴经济体）乡村振兴

作为新兴经济体的中国、俄罗斯、印度、巴西、南非，由于经济发展政策的差异，在发展水平、发展环境等方面也存在诸多差异，但在城乡发展进程中，城市发展都明显快于乡村，城镇化的快速推进，导致乡村大量资源要素流向城市，使得乡村经济社会发展处于停滞状态。这些

国家的乡村发展严重滞后于城市地区，导致城市发展动力不足、城乡结构失衡的矛盾日益凸显。为了扭转城乡发展的不平衡，金砖国家纷纷采取相应举措，加快乡村经济社会发展。

（一）以土地改革解放乡村生产力

在乡村发展措施方面，为加大农业发展支持力度，金砖各国普遍开展不同形式的土地改革运动。例如，俄罗斯政府对集体土地和国有土地实行股份制改革，集体和国营农场的普通职工持有农场的部分股份。1999—2003年，俄罗斯对农业和渔业的投入增加了4倍，同时统一了农业所得税，减少了18个税种，大大降低了农民缴纳的农业税，使农民人均收入增长了1.8倍，进一步促进农业生产者的积极性的提高，以及农业现代化的发展，提高了农民收入。印度政府则通过废除中间人制度、改革租佃制度，实行土地持有最高限额制度，通过减少大土地所有者的持有数量，把大土地所有者超出的土地分给无地农业工人或小农[①]，并规定持有土地数量的上限，解放了农业生产力、提高生产效率，促进了乡村发展，缩小了乡村收入不平等。1995年以来，巴西陆续出台了"农业保险""家庭农业支持计划""土地改革计划"以及"农业信贷、贸易政策"等政策，取得了较为显著的成效，这一系列举措增加了农民收入，在一定程度上缩小了城乡收入差距。[②]南非于20世纪90年代出台了一系列土地改革法，并于1994年颁布了《土地改革法》，土地改革改变了种族

---

① 杜月. 印度改造贫富差距的启示 [J]. 中国经济周刊，2008（32）：60-61.

② 林跃勤，周文. 金砖国家发展报告（2013）[M]. 北京：社会科学文献出版社，2013.

隔离时期土地占有和使用的不平等状况，使黑人拥有自己的土地，提高了农民收入，减少了贫困农民的数量，促进了乡村经济社会的发展。[①]

（二）加大金融对农业的支持力度

金融如何有效地支持农业发展是一个热点问题，一些金砖国家在金融支持"三农"方面取得了巨大成效。自1969年起，俄罗斯开始实施农业保险，国家对集体农场、国有农场和其他农业企业实行强制性国有财产保险制度。1993年，俄罗斯开启了对农业企业的财政支持，并开始重视对农业保险的财政补贴。2006年，俄罗斯通过了第263-FZ号俄罗斯《联邦农业发展法》，其中第12条明确规定了国家实行"有国家支持的农业保险"，联邦预算资金根据保险合同向农业生产者提供相当于已付保费50%的补贴。印度通过构建结构完善、功能齐备的金融支农组织体系，适时推出金融支农专门制度安排，通过法律强制保证金融机构支持农业发展，构建多层次、多样化、适度竞争的农村金融服务体系。巴西通过农业保险财政补贴制度助推农业发展。1954年，巴西成立了国家农业保险公司和农业保险稳定基金。1966年，巴西正式建立农村保险稳定基金，1973年又颁布《保险法》，1973年通过中央银行第301/74号决议制定了proagro农业保障计划。农村保险补贴计划的补贴范围包括所有农作物、畜牧业、森林业和渔业，补贴比例为50%。1979年，南非启动了一项以干旱保险为主的作物保险计划。该计划主要由政府经营管理，保费亦由政府全额补贴。1980年，南非开发银行推出了一项农民支持计划

---

① 孙敬水、黄秋虹. 金砖国家缩小收入分配差距的经验教训及启示望［J］. 会计与经济研究，2015（02）：119-128.

（Farmer Support Programmes），重启农业保险计划。1991年南非为解决单一作物保险问题，开始了对区域产量保险的探索[①]。

（三）培育职业农民以解决"三农"问题

农民的综合素质是关系到乡村振兴问题解决的关键因素。培育新型职业农民是解决"三农"问题、实现农业现代化与国家现代化同步发展的关键举措。在农村空心化日益严重的当下，也是解决"谁来种地""如何种地"的必然出路。金砖国家在培养职业农民的问题上已经取得了一些重要经验。

俄罗斯主要通过高等农业教育、农村中等职业教育、农村初等教育、高校后继续教育与补充职业教育等从初级、中级、高级再到继续教育来培育各等级的农业工人和专家。俄罗斯在制定职业教育人才培养规格时，面向各学历层次农业人才，资格证书与国际接轨，将欧洲的就业市场作为目标，采用欧盟5级技能等级标准体系。此外，俄罗斯还将高等教育和职业认证教育捆绑在一起。

印度主要由中央负责全国农民教育培训的协调工作以及制定指导原则，邦的农业相关部门负责具体实施职业农民教育培训工作。农业与合作社部下设农业推广处，农业推广处下属办公室负责协调全国培训活动。科研教育局的农业研究理事会及其下属的研究机构和农业大学承担农业教育培训工作。

巴西在1991年成立了农业职业教育服务机构，该机构组织、管理和

---

① 姜莉. 金砖国家农业保险财政补贴制度比较研究［D］. 西南大学硕士学位论文，2020.

实施全国乡村职业培训以及协调、指导和管理乡村职业培训，并支持联邦政府乡村职业培训。1995年，巴西又实施了"员工继续培训计划"，较好地实现了政府部门、私人部门与市场机制的有机结合。

南非由国家统筹规划农民培训，政府与相关部门指导协作，以教育系统为主体，农业改良普及事业系统和农协予以配合。南非对农民的培训计划贯穿基础教育、继续教育、高等教育等整个教育阶段。南非的农民培育由农业研究支持体系、各省农业研究机构和大学的农学院共同完成。①

（四）建立合作社来实现技术与服务支持

金砖各国在推进乡村发展进程中，成立乡村农业合作社是其较为普遍的做法，通过农业合作社向农户提供农业生产经营所需的技术与服务支持，打通当地农产品销售渠道，在促进农业生产发展、增强农民的组织化水平以及提高乡村民主化程度等方面具有重要意义，大大促进了农民增收与生活质量的提升。例如，俄罗斯通过成立合作社，将农民的土地、技术和劳动力结合起来，从而获得了更好的收成；在农产品加工领域，各种专业部门和企业之间也实行了合作化，加速了农业合作化进程。巴西的农业合作社在实现农业产业化、供销一体化等方面发挥了重要作用，并成立农场工人联合会、小农场主协会等社会组织，与农业合作社相互配合、协调，推动乡村经济转型与发展。印度拥有世界上规模最大的农业合作社体系，以自愿加入、民主管理为基本原则，其农产品

---

① 李逸波，周瑾，赵邦宏，张亮. 金砖国家职业农民培育的经验 [J]. 世界农业，2015（01）：173-176.

的价格调控都是依托农产品营销合作社实施的；对农民的化肥供应和农业服务，也是通过化肥合作社来提供的。南非农业合作社大多是农产品生产营销合作社，一些政府的资金、政策、项目有时是通过合作社来实施的，南非政府非常注重合作社价值理念的宣传推广，在中小学教育中也增加了合作社的相关知识。

第二节 乡村振兴国际经验对我国的启示及借鉴

基于前文的分析，可以看出一些发达国家和金砖各国在乡村发展过程中都非常重视"三农"问题，都会根据各自经济社会发展的基本情况，采取适合自身乡村发展的政策举措。我国虽然与以上一些国家的乡村发展存在一些差异，但从他们的乡村发展过程中仍然可以获得不少经验启示。面对新时代我国"三农"存在的问题，可以从以下几方面借鉴其他国家乡村发展政策，以更好更快地推进乡村经济社会全面振兴。

一、以法律完善保障乡村可持续发展

完善的立法是乡村发展的根本保障，从欧美发达国家、亚洲发达国家和地区以及金砖国家的乡村发展历程来看，他们无不重视法律法规的作用，特别是与"三农"问题相关的法律法规，尤其是美国，非常注重法律的保障。1936年美国出台的《农村电气化法》，开启了美国乡村发展政策。之后，陆续出台了《农产品信贷公司特许法》《联邦农业完善和改革法》《农业安全与农村投资法案》《粮食、农业、保育和贸易法案》《水土资源保护法》《清洁空气法》等一系列法律，保障了乡村发展的有序推进和落实。中国在推进乡村振兴进程中，应当吸收这些国家和地区的相关法律法规，不断完善《乡村振兴促进法》，各地区应制定相应的规章制度，加快各类资源要素向乡村倾斜，确保各项资源投入和政策措施落到实处。一是要将公共服务、基础设施的投资、补贴和引导细化到法律法规之中，形成稳定可持续的财政支持。二是要把乡村新型基础设施发展，如商业配送网络、医疗网络、充电桩、冷链物流等的投资、建设通过规章制度加以落实。三是要将乡村教育、医疗、就业培训设施的建设和维护以及相关服务供给人员的待遇保障资金纳入法治化轨道。四是加强立法的前瞻性和动态性。对农业农村未来的发展趋势，如生物多样性、有机农业等，应当加以关注，使法律法规要适时调整，更适应未来，更富有前瞻性。

二、以产业振兴激活乡村自我造血功能

产业发展是抑制乡村衰败、推动乡村振兴的根本途径。无论是欧美、亚洲的发达国家和地区，还是金砖国家，在推进乡村建设进程中，均采取了各种各样的举措推进乡村产业振兴，对我国具有较大借鉴意义。例如，美国的科技农业、法国的生态农业、瑞士的创意观光农业、日本的"一村一品"、新加坡的都市农业、中国台湾地区的休闲农业等。因此，中国在推进乡村振兴过程中，必须重视特色产业的发展。一是根据各地乡村资源禀赋情况，因地制宜地打造适合各地特色的产业，加快培育村干部和农民的产业发展思维、商业思维，提高农民的竞争意识，不断整合农产品生产、加工、流通等各个环节的资源，培育特色农

业全产业链，打造具有地方特色的农产品品牌。二是借鉴一些发达国家和地区将特色农业产业与休闲旅游业相结合的经验，拓展乡村产业功能的多样化，推进第一产业与第三产业直接融合，赋予农业生产、旅游、生态、文化等多样化的功能，打造农家乐、乡村花园等休闲场所，培育乡村休闲娱乐项目，吸引市民到乡村休闲观光进行农事体验等。

三、以财政、金融政策融合助力农业方式转变

　　财政、金融支持对乡村振兴起到了十分关键的作用。无论是欧美、亚洲发达国家和地区，还是金砖国家，都注重财政和金融支持，尤其是韩国设立农协作为全国专一的金融服务机构。因此，我国在实施乡村振兴战略时，应注意以下两个方面：一是加大财政支出乡村发展力度。可以借鉴美国和金砖国家的财政支农计划，充分发挥财政杠杆作用。加大财政对农业生产的补贴支持力度，充分发挥税收调节农民收入的重要作用。有些国家针对农业就业人口设立了特别的征收程序或者优惠的税率、减免条件，我国不妨因地制宜，通过税收的调节或者减免措施保障农民收入。二是强化金融支出力度。可以借助金砖国家金融支持乡村发展措施，大力发展农业保险，加强财政对农业保险的补贴。大力实施对乡村产业发展的信贷支持，例如南非通过成立土地银行，以市场融资为主，财政拨款信贷为辅，政府在规定小额信贷利率的同时，对土地银行实行土地纳税免除和股息优惠。为此，我国也可以借鉴以上国家的一些经验，大力发展农业保险，优化信贷支持乡村发展方式，加大乡村产业发展的利率优惠。

四、以人才振兴夯实内生驱动根基

人才是推动乡村振兴的关键。乡村社会的有效治理和高质量发展离不开乡村能人的带动和农民的积极主动参与。因此，乡村振兴还得靠"人"的力量和智慧。例如，韩国的新村运动得以顺利开展的最根本动力就是农民的主动参与。一是要不断提升农民的知识文化素养，开展包括科学的生产技术、现代经营管理方法等具有针对性的"三农"主体职业教育，提高职业素质，充分发挥家庭农场、专业大户等新农人在乡村产业发展中的带动作用。二是发动和依靠当地农民群众的积极性和创造性，同时鼓励社会各界专家、人才下乡支农帮扶，保证乡村振兴的自发性与持续性。三是创新城乡融合发展的人才机制，破解乡村振兴的人才单向流动问题，通过政府安排与激励，支持、引导各方面人才下乡为乡村振兴服务，鼓励各类市场主体依法参与农村建设。四是改善农村工作生活的基础设施服务条件，营造重视人才、尊重人才、善待人才的良好氛围环境。同事，还要考虑"逆城市化"进程。乡村发展需要人才和人口，应当允许部分符合特定条件的人才和人口定居乡村，使其拥有稳定的产权和持续生活的条件。应当正视人口逆流动的合理性，并通过立法形式赋予同等权利。

五、以治理方式创新促进治理有效

治理有效是实施乡村振兴战略的应有之义和重要内容。无论是欧美、亚洲等发达国家和地区，还是金砖国家，都非常注重乡村治理效率的提升，都拥有严格的乡村发展法律规章制度，并在其约束下体现出乡村治理的合理性和科学性。例如韩国的"新村运动"，就是在法律的框架下，注重村民自治，极大激发了农民的主人翁意识，凝聚起了乡村的农民力量。因此，我国在推进乡村振兴治理过程中必须将村民自治和法治有机结合起来。要不断完善乡村治理的法律法规体系，以法治为准则，严格依照法律法规和村规民约规范乡村干部群众的行为，不断提升农民的法治素养，让依法决策、依法办事成为乡村治理的习惯和自觉，通过基层党建把带头人的作用转化成组织的作用，把个人作用这种随机性的发挥转变为制度化的引领和保障。要以村民自治为基础，通过自治增强乡村活力，发挥村民自治的自我管理、自我服务、自我教育、自我监督的功能，充分调动农民参与乡村治理的主动性和积极性，推进乡村治理体系和能力的现代化，进而在乡村治理中推动乡村实现高度自治。

六、以文化复兴增强乡村核心吸引力

文化是实施乡村振兴的灵魂。乡村文化的复兴，关系到农民的精气神旺不旺、乡风文明好不好、乡村发展人心齐不齐。独特的文化是乡村发展的重要吸引力。如果乡村失去了自己特有的文化，也就失去了根和魂，魅力也将不复存在。例如，法国乡村的复兴就十分注重乡村文化的复兴。法国的乡村文化基于农耕文明，诠释着"地方精神"，彰显着地方特性，使之具有与城市相异的特色。德国的《土地整理法》、英国的国家信托基金会、日本的《城市规划法》等，都明确强调了对乡村古建筑等历史文化资源的保护。因此，我国在推进乡村振兴进程中，必须重视乡村文化的复兴。一是要通过制定严格的法律法规加强对乡村古建筑、民居建筑、历史遗迹、风俗习惯、民俗文化、传统文化等的保护和恢复。二是可以吸收欧美、亚洲发达国家和地区发展都市农业和休闲农业等现代元素，科学合理规划乡村发展蓝图，确保传统文化保护与现代化建设相融合。三是要尊重农民的文化需求与文化创造，在乡村发展建设过程中，要在尊重农民、理解农民的前提下进行建设。不能完全用城市的眼光去看待乡村文化发展，而是要发现、维系和恢复农民原有的生产生活方式、情感联系、文化心理、伦理道德等，使之与现代文明相嫁接、融合，创造出新的价值。

七、以城乡融合发展补齐乡村发展短板

促进城乡一体化融合发展是加快乡村发展的重要路径。无论是欧美发达国家的小城镇发展、亚洲发达国家和地区的土地改革和产业融合发展，还是金砖国家的土地改革、合作社建设等，都体现出了推进城乡一体化融合的发展理念。尤其是美国在制定乡村规划过程中，总体发展规划由地方政府和社会团体共同负责，动员村民参与其中，确保了乡村发展政策的有效实施，加速了城乡一体化的发展进程。中国在实施乡村振兴进程中，应广开思路，借鉴这些国家推进城乡一体化融合发展的有益经验，重视政府在统筹公共事业、基础设施完善等方面的重要作用，以加快我国乡村振兴。（1）统筹推进城乡基础设施一体化发展，加对大乡村基础设施的投入力度。（2）促进城乡教育、医疗、卫生、社会保障等一体化发展，加大对乡村公共服务的投入，完善公共服务设施。（3）

充分利用城乡资源禀赋的差异，通过城乡差异化发展，最终实现城乡互补、融合发展。（4）将数字技术、生物医药、环境治理、农产品加工等最新技术应用到乡村建设和产业发展中，打造具有中国特色的数字乡村、科技农业，缩小城乡技术创新鸿沟。（5）坚持引进来和走出去，通过行政手段、市场手段和社会手段，不仅要引进城市的现代生产要素，主动吸引城市资本和人才流向乡村，也要主动走出去，在城市核心区域投放农产品广告，加大品牌推广，使乡村优质农产品大量流向城市，赢得市场，实现城乡资源、产品的互动。

尽管欧美发达国家、亚洲发达国家和地区以及金砖国家的乡村发展路径不尽相同，经济发展状况、农业发展水平、乡村人口结构以及政治体制也存在差异，但它们在乡村发展上取得的一些成功经验还是非常值得我国在推进乡村振兴过程中借鉴，以更好地推进乡村振兴，实现乡村跨越式发展。

07 | 第七章
乡村振兴的战略思路与保障措施

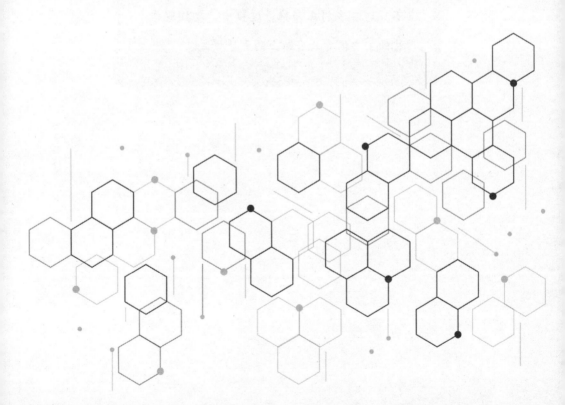

在乡村振兴推进进程中，涉及乡村发展方方面面，在现阶段，仍然主要依靠政府力量输血强行快速推动，对乡村发展实际状况考虑不够，使得在乡村振兴推进进程中仍以争取项目为主，而内生力量发挥不够。在乡村振兴推进过程中，要摆脱传统的主要依靠政府输血的发展模式。

第一节 乡村振兴的战略思路

在乡村振兴推进进程中，要促进乡村可持续发展，就必须转变治理思路，在此过程中，要注重长远发展目标，加强乡村人才培育和引进，充分挖掘调动社会力量，进而激发乡村振兴的内生动力。

一、从注重短期目标向长期目标转变

近些年来，通过采取送钱、送物等方式扶持乡村发展，解决了大部分地区的贫困问题，这种政府主导的外源性扶持方式注重的是缺什么补什么，追求立竿见影的短期效果，忽略了乡村自身致富能力的挖掘和提高，难以解决可持续发展问题。只有从注重短期目标转向长远发展，从支出型补贴为主向收支两条线转变，才能更好地解决乡村振兴的问题。另外，还要建立健全严格的债务管理制度，有效控制乡村发展风险。乡村为发展公益事业而举债的，应根据财力许可进行科学论证和采取听证制，严格控制举债建设风险，对擅自举债的村庄严肃处理，并追究单位负责人的行政和经济责任。要完善发展机制，建立以农民为主自力更生的创业体系，自主经营、自我积累、自我发展；建立健全激励机制，把政府扶持与调动积极性结合起来，对有志促进乡村持续发展的乡镇、企业、创业者实施奖励，优先安排项目和资金扶持；以新型农村合作组织为纽带，整合农村个体经济，加强利益连接，走抱团发展之路，不断提高乡村农业产业的竞争力。加快推进产业融合发展，通过对各种特色农业综合体的建设，提升农业发展品质，做强做优农业特色产业。同时，强化政府与社会、市场多元互动合作的乡村治理机制。长期实施农户量化到户、股份合作、保底分红、滚动发展的原则，抱团入股参与企业、合作组织生产经营，确保农户的长期收益。同时，要善于运用市场手段盘活农村资产要素，支持以土地、资源等形式入股参与产业长期发展，建立农业企业与农户的联合机制，解决村民资金短缺、个人创业乏力等方面的问题，实现村民投资、就业、收益的多赢，让以往的"一次性"扶贫方式变成"细水长流"。

二、从驻村工作队向乡村人才培育转变

在以往的乡村发展帮扶上往往是政府通过派遣工作队来主导修路架桥、水利设施、大棚等硬件建设，单体项目多，资金投放散，集聚效应差，对乡村人才培育和引进严重滞后。人才是一个地区综合竞争力的重要标志和组成部分。有能人带动会产生"洼地效应"和"集聚效应"，成为社会经济发展加速度的原动力。在乡村振兴推进过程中必须牢牢抓住"人才"这个牛鼻子，把人才优势转化为"硬实力"。要加强乡村地区人才开发，注重传统教育和技术培训，大力推进实用型职业技术教育和成人教育，保障下一代能接受优质教育，彻底改变农村地区教育事业

发展滞后、受教育人口数量较少和程度偏低。加大优惠扶持力度，吸引有意愿、有能力、肯干事的优秀人才到相对落后地区创新创业。兼顾"外部引智"与"内部培养"，打造用得上、养得起、留得住、作用大的"乡土人才"。从瞄准单一的技术型农民，转向培育和引进能力多元的"新农人"。强化村干部能力建设，大力提升现有村干部积极学习政治理论知识的能力，借鉴乡村治理典型经验，掌握运用先进方法和工具，增强管理和服务群众的能力，也可以引进一批大学生担任村干部，或者引入"新乡贤"治理乡村。

在乡村"人口空心化"背景下，"内培"人才的同时，还需要"外引"。一方面，可以通过村民推荐、组织选拔等方式发现一批"新乡贤"带头人，鼓励他们回乡参与文化事务、投资基础文化设施和公共文化服务项目。积极创造条件，使外出的乡贤愿意返回家乡或以各种方式支持家乡建设。发挥"同乡会""团拜会"和各种仪式性活动的作用，搭建沟通平台，积极拜访慰问在外乡贤，增强情感维系。另一方面，通过有组织的培训和轮训，提高"新乡贤"为群众服务的意识，提高其运用现代科技手段和文化平台参与乡村文化治理的水平，增强对党的理论路线方针政策的学习和把握，倡导和教育"新乡贤"学法、懂法、守法，依法参与村务处理。让人才成为促进发展的有力支撑，让改革的春风化为发展东风，为乡村经济社会发展提供强劲动力。

三、从政府主导向社会力量注入转变

乡村振兴是一个长期、系统的过程，仅靠政府介入难以改变乡村经济的增量问题。注入社会力量能够更好地解决信息不对称、资源利用的外部性、产权不明晰等市场失灵问题，可以更直接地作用于村庄产业发展，也可以克服政府的选择偏好，满足乡村不同群体的需求偏好，提升村民的边际效益，提高乡村治理效率。要充分发挥社会力量自身的身份、技术、资源等优势，打通市场、政府、乡村社区及农户等各个环节，从乡村经济增长、公共服务提质、发展方式转变、农民收入增加等方面实现乡村全面振兴。大力支持非公有制企业和返乡创业者参与乡村产业发展，对其实施税收抵免减让，注重配合协作，量力而行、尽力而为，有钱出钱、有技术出技术，给予农民群众全方位、多层次、系统性的支持。建立并完善捐助和监管的制度和法规，实现捐、用、管的有效衔接，积极引导非政府组织和各种慈善组织基金参与医疗、义务教育、失业救助等社会保障体系建设。鼓励具有现代思想、开拓创新、先进科学文化的大学生自愿到乡村创新创业，带动乡村人力资源开发，补齐乡村劳动力素质短板，提升乡村内生发展能力与动力，拓展乡村就业空间。高校与科研院所应以服务乡村振兴战略为切入点，加强校内、校际、校政、校企、校乡间的开放协作，开展农业育种、病虫害防治、先进农机设备制造、信息化智能农业、绿色生态农业和食品健康与营养等关键技术的联合攻关，加快科研成果的推广转化，带动农业创新化、绿色化发展。①

---

① 卢楷. 主体能力视域下的乡村振兴：历史演进、现实基础与发展趋势 [D]. 兰州大学硕士学位论文，2021.

第二节 强化乡村振兴的保障措施

要顺利推进乡村振兴战略，除了要加大资金投入力度外，更重要的是要强化乡村振兴目标的责任担当，加强法治建设，强化乡村地区产业发展，强化乡村地区人才建设，强化乡村振兴落实监管，建立后期帮扶跟进机制。

一、强化乡村振兴目标责任担当

各级政府要根据中央决策部署，按照乡村振兴的目标任务，坚持各省负总责、市县抓落实，各级党政一把手亲自抓，基层党委和政府负主体责任，发扬连续作战精神，不放松、不停顿、不懈怠，强化村"两委"、驻村第一书记和工作队协作，共同做好发动群众、村庄规划、资金使用、项目监管、政策落地等工作。强化各级党委实施乡村振兴战略领导小组作用，建立统一高效的议事协调机制，扎实推进乡村振兴。

（一）要树立求真务实思想

各级政府要按照确定的乡村振兴目标要求，贯彻乡村振兴的基本方略，既不急躁蛮干，也不消极等待，既不降低标准，也不吊高胃口，咬定青山不放松，稳扎稳打求实效。

（二）要强化工作重点

基于各乡村的资源禀赋因地制宜，突出重点、加大力度，集中优势、精准发力，对症下药、靶向治疗，进一步强化支撑保障体系，加大政策倾斜力度，全力攻克坚中之坚。

（三）要精准夯实责任

坚持党对乡村振兴的领导，严格落实基层党政主要领导对乡村振兴工作的纪律，让党员干部自觉承担起乡村振兴的责任。要认真查摆突出问题，围绕"农业农村现代化"乡村振兴的总目标，补齐短板，确保乡村振兴始终沿着正确方向推进。

（四）要凝聚强大合力

调动内源动力，充分发挥农民群众的主体作用，充分调动其积极性和主动性。在加快培育特色优势产业和人力资源开发中不断提高农民自我发展能力，推动可持续发展。形成外部多元帮扶与内部自我发展的互动机制，增强实施乡村振兴的合力。

（五）要强化督导检查

深入开展乡村振兴领域腐败作风问题专项治理，依法依纪严惩贪污挪用、截留私分、虚报冒领等行为，实施最严格的考核评估，树立奖优

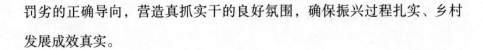

罚劣的正确导向，营造真抓实干的良好氛围，确保振兴过程扎实、乡村发展成效真实。

二、强化乡村振兴资金投入保障

过渡期内，在保持现有财政和金融支持政策总体稳定的前提下，根据现实需要和财力状况，合理安排财政投入规模，优化支出结构，调整支持重点，加大向产业培育、人才培育与引进上倾斜。省级财政衔接推进乡村振兴补助资金适当向重点帮扶县倾斜，并逐步提高用于产业发展的比例。县财政的乡村振兴补助资金要对重点帮扶村、示范创建村实施倾斜。严格落实提高土地出让收入用于农业农村发展的相关政策，用好用足城乡建设用地增减挂钩政策。现有财政相关转移支付继续倾斜支持脱贫地区，优化实施支持脱贫地区产业发展的各类财政政策。健全金融支持帮扶产业发展、带动脱贫人口和低收入人口增收的挂钩扶持政策。引导金融机构加大涉农信贷业务力度，支持开发性金融和政策性金融在业务范围内为乡村振兴提供中长期信贷服务。充分发挥已建立的村级农村金融服务站作用，扩大金融支持"一县一特"的特色产业试点。发展农村数字普惠金融，创新"三农"特色金融服务，研究推广农村承包土地的经营权抵押贷款业务，积极稳妥推进宅基地、集体经营性建设用地使用权等抵押贷款试点，增加小额首贷、信用贷业务。深入开展农户小额信用贷款，坚持加大对家庭农场、农民专业合作社等新型农业经营主体的信贷投放，落实小额贷款税收优惠政策。

三、加大乡村地区人才建设力度

乡村地区人才短缺是制约其发展的一个关键因素，因此加大对乡村地区的人才建设，除了要激励城乡人才流动外，还要提高村民的受教育程度，对促进乡村全面振兴具有重要作用。一是要加大乡村地区人才建设投入力度。政府相关部门在乡村开发过程中，要加大对乡村地区教育基础设施完善、教师待遇提升、职业教育培训等资金的投入力度，改善教育环境，提高教师素质，提升教育质量。二是要注重对优秀人才的引进和激励。针对乡村地区产业发展的短板，加强对有意愿到乡村地区创业就业人才的支持力度，对创业者提供一定的税收优惠和资金支持，从住房、工资、家属安排等方面提高福利待遇以吸引优秀人才到乡村地区工作，增强乡村地区发展能力。

四、大力推进乡村地区产业发展

应根据湖南省各地区乡村的气候、海拔、土壤等因素，着力发展特色农业产业和农产品深加工业。

（一）要搭建好组织平台

更好更快组建茶叶、茶油、水果等特色合作组织，加快制定完善合作组织运行机制，通过合作组织为农户提供农业发展资金、技术、销售等方面的服务，把分散的农户组织起来实施产业化生产和规模化经营，解决好单个农户对接市场能力不足的问题，推进"龙头企业＋基地＋农

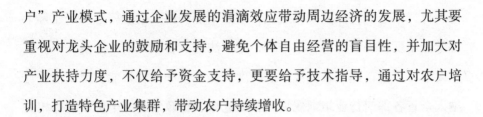

户"产业模式，通过企业发展的涓滴效应带动周边经济的发展，尤其要重视对龙头企业的鼓励和支持，避免个体自由经营的盲目性，并加大对产业扶持力度，不仅给予资金支持，更要给予技术指导，通过对农户培训，打造特色产业集群，带动农户持续增收。

（二）盘活农村闲置土地

通过土地流转，把土地向致富能手和龙头企业集中，发挥土地规模效应，农户不仅可以通过土地入股分红，还可以到企业打工获得务工收入，使农户获得持续的经济收入。

（三）加大对农村集体经济扶持力度

要用好乡村地区产业发展扶助资金，做好产业发展项目规划，鼓励外出务工村民、返乡创业者和有意愿服务农村的青壮年人才回村创业，促进农村集体经济发展，增强村庄的带动力，使农户持续增收致富。

五、建立健全法治保障

认真贯彻落实《中华人民共和国乡村振兴促进法》，发挥法治对农业农村高质量发展的支撑作用、对农村改革的引领作用、对乡村治理的保障作用、对政府职能转变的促进作用，为乡村全面振兴提供坚实的法治保障。严格执行现行涉农法律法规，依法构建乡村振兴和农业农村现代化发展的法规体系。加强农民工权益保护、农产品质量安全、乡村建设、农村宅基地管理、农村生态环境等重点领域执法。加强乡村法治宣传教育，推进乡村法治文化建设，增强干部和群众的法律意识。完善干部学法制度，提升法治思维方式，把学法列入各级党委（党组）中心组年度学习计划；建立系统性学法制度，提升依法治理效能，把法治教育纳入全省各部门行业培训规划，各级党校、行政学院、干部学院等相关培训机构应当将法治课程纳入入职、晋职等培训计划。把学法、用法情况列入公务员年度考核重要内容，把能不能遵守法律、依法办事作为考察干部的重要依据。把依法依规办事和制度执行力纳入干部民主测评指标，将测评结果作为提拔的重要参考。

六、严格乡村振兴考核监督评估

（一）优化乡村振兴制度设计

政府和有关部门要围绕乡村振兴目标，根据各地区实际需求，进一步制定和完善乡村振兴优惠政策，优化制度、完善机制，通过政策激励，调动社会各界参与乡村振兴开发的积极性和主动性，对农民群众的发展生产和各种帮扶进行政策支持。

（二）定期考核乡村振兴战略实绩

组织开展市、县党政领导班子和领导干部实施乡村振兴战略实绩考核，围绕巩固拓展脱贫攻坚成果同乡村振兴有效衔接的总体要求，聚焦阶段性和年度性重大任务、重点工作和重要举措，科学设置考核指标，分级分类实施精准考核，强化考核结果运用。强化各级党委和政府主体

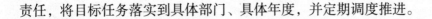

责任，将目标任务落实到具体部门、具体年度，并定期调度推进。

（三）加强资金使用管理

相关政府部门要严格执行乡村振兴进程中的资金管理制度，加强资金使用监督检查，确保项目资金规范使用。

（四）完善监测、评估和督导制度

邀请民主党派、科研机构、社会组织对乡村振兴战略政策措施落实和发展绩效进行第三方评估，定期对进度安排、项目落地、资金使用、人力调配、推进实施等重点工作和重点环节进行全方位督查指导，对规划实施中期和总结评估。建立规划滚动实施机制，跟踪实施情况、提出改进意见，促进目标任务实现。实行重大项目挂牌督办。组织开展乡村振兴常态化联点督查、明察暗访，聚焦发现突出问题，并及时督促解决。结合实施乡村振兴战略实绩考核，实行"考评合一"，持续推动责任、政策、工作"三落实"和脱贫成效巩固。

（五）建立全方位监管体系

不仅要继续加强党内监管，提高透明度，还要由社会公众监督评判政策落实的公正度；加强乡村振兴的资金管理和审批监管制度，同时建立相应的跟踪问责制度，对项目实施的事前、事中、事后都要层层把关，严格监管资金发放动向。对违规违法、不作为、慢作为、乱作为等行为及时曝光，严肃追究责任。

参考文献

[1]ALVAREZ-CUADRADO F, VAN LONG N, POSCHKE M. *Capital-labor Substitution, Structural Change, and Growth*[J]. Theoretical Economics, 2017, 12（3）: 1229-1266.

[2]BINSSWANGER H, KHANDKER S, ROSENZWEIG M. *How Infrastructure and Financial Institutions Affect Agricultural Output and Investment in India*[J]. Journal of Development Economics, 1993, 41（2）: 337-366.

[3]CREED G W. *Agriculture and the Domestication of Industry in Rural Bulgaria*[J]. American Ethnologist, 1995, 22（3）: 528-548.

[4]DEERE C D, GONZALES E, PEREZ N, et al. *Household Incomes in Cuban Agriculture: A Comparison of the State, Cooperative, and Peasant Sectors*[J]. Development and Change, 1995（2）: 209-234.

[5]DOWNING M, VOLK T, SCHMIDT D. *Development of new Generation Cooperatives in Agriculture for Renewable Energy Research, Development, and Demonstration Projects*[J]. Biomass and Bioenergy, 2005, 175（28）: 425-434.

[6]FAI F, TUNZELMANN N V. *Industry-specific Competencies and Converging Technological Systems: Evidence from Patents*[J]. Structural Change & Economic Dynamics, 2001, 12（2）: 141–170.

[7]HALLSTROM L K, HVENEGAARD G T, STONECHILD J L, et al. *Rural Sustainability Plans in Canada: An analysis of Structure, Content and Influence*[J]. Journal of Rural Studies,2017,56:132–142.

[8]PARK CHUNG-HEE, SAEMAUL. *Korea's New Community Movement*[M]. Seoul, South Korea: Korea Textbook Co., Ltd., 1979.

[9]FRIEMAN, E. AND P. G. PICKOWICZ, M. SELDEN. *"Chinese Village, Socialist, Socialist State"*[M]. Yale University Press, 1993.

[10]HINTON, W. FANSHEN. *A Documentary of Revolution in a Chinese Village*[M]. New York: Monthly Press, 1966.

[11]Myfanwy Maple, Tania Pearce, Scott Gartshore, Fiona Mac Farlane and Sarah Wayland:Social Work in Rural New South Wales School Settings: Addressing Inequalities Beyond the School Gate, 2019, P.71.

[12]RICHARD MADSEN. *Morality and Power in a Chinese Village*[M]. Berkeley: University of California Press, 1986.

[13]SJU, HELEN F. *Agents and Victims in South China: Accomplices in Rural Revolution*[M]. New Haven and London: Yale University Press, 1989.

[14]VAN DER PLOEG J D. *From de-to repeasantization: The modernization of agriculture revisited*[J]. Journal of Rural Studies, 2018, 61: 236–243.

[15]蔡昉. "工业反哺农业、城市支持农村"的经济学分析［J］. 中国农村经济，2006（01）: 11–17.

[16]韩长赋. 四十年农业农村改革发展的成就经验（庆祝改革开放40周年理论研讨会论文编）［N］. 人民日报，2019-01-17（10）.

[17]黄承伟. 脱贫攻坚有效衔接乡村振兴的三重逻辑及演进展望［J］. 兰州大学学报（社会科学版），2021（06）：1-9.

[18]李川，漆雁斌，邓鑫. 从脱贫攻坚到乡村振兴：演变历程、衔接机制与振兴路径——以凉山彝族自治州为例［J］. 科技导报，2021（23）.

[19]李晓园，钟伟. 乡村振兴中的精准扶贫：出场逻辑、耦合机理与共生路径［J］. 中国井冈山干部学院学报，2018（05）：122-130.

[20]刘玉侠，张剑宇. 回流农民工助推乡村振兴的有效路径研究——基于浙皖赣黔四省的调研［J］. 江淮论坛，2021（05）：41-50.

[21]李川，漆雁斌，邓鑫彭，华涛，皇甫元青. 巩固拓展脱贫攻坚成果与乡村振兴的衔接机制分析［J］. 江汉论坛，2022（01）：65-71.

[22]王政武. 空间再构：新发展格局下中国乡村振兴机制转型的路径选择［J］. 扬州大学学报（人文社会科学版），2021（06）：85-99.

[23]王骏. 试论江泽民的"三农"思想［J］. 党的文献，2003（05）：37-44.

[24]闫书华. 实施乡村振兴战略的根本遵循学海［J］. 学海，2021（06）：18-23.

[25]杨楠芝，梁盼. 基层干部参与乡村振兴的效能阻滞及其纾解——基于脱贫攻坚与乡村振兴有效衔接的经验启示［J］. 安顺学院学报，2021（05）：30-35.

[26]中共湖南省委、湖南省人民政府. 关于全面推进乡村振兴，加快

农业农村现代化的实施意见［EB/OL］．华声在线，2021-03-29.

[27]张云生，张喜红．发挥农民的主体作用助力乡村振兴战略实施［J］．新疆社会科学，2021（06）：161-168.

后　记

　　乡村振兴战略是习近平总书记在党的十九大报告中提出的重大战略思想，是实现中华民族伟大复兴的一项重大任务，也是缩小城乡发展差距，实现城乡共同富裕的一个重要举措。十九大以来，以习近平同志为核心的党中央把乡村振兴摆在治国理政的突出位置，作出一系列重大部署和安排，中共中央、国务院连续发布中央一号文件，对新发展阶段优先发展农业农村、全面推进乡村振兴作出总体部署，为做好当前和今后一个时期内的"三农"工作指明了方向，展现了中国共产党推进乡村振兴战略任务的信心和决心。

　　湖南省作为一个农业大省，是实施乡村振兴战略的重要阵地，湖南乡村振兴推进情况能够折射出国家乡村振兴战略实施的总体情况。全球新型冠状肺炎疫情仍在蔓延，世界经济复苏脆弱，我国面临着经济下行压力、去杠杆、转型升级加速的挑战，湖南省在乡村振兴进程中如何抓住重点问题？乡村振兴主体如何引导？战略方针如何抉择？推进路径如何实施？如何确保乡村全面振兴？推进措施如何保障？这些都是今后一个时期亟待研究解决的问题。

近几年来，湖南省乡村振兴战略任务取得了较大进展，但在经济转型升级背景下，大多数基层政府面临的经济社会发展压力较大。目前的乡村振兴仍然是在政府主导下推进，市场和社会力量明显参与不足，政府对推进乡村振兴起着重要作用，但也带来了诸多的问题和矛盾，尤其是对产业发展选择、乡村自身需求等方面考虑较少，这在一定程度上会抑制乡村振兴效率的提升，不利于乡村地区的全面振兴。因此，推进乡村振兴应以乡村自身实际需求为出发点，坚持政府引导与社会参与相协调，注重乡村自身特色，着力促进乡村走一条可持续发展之路。

本书以湖南省的乡村振兴为研究对象，深入分析乡村振兴的理论逻辑、乡村振兴的必要性与现实基础、湖南省乡村振兴进展情况、乡村振兴战略的模式与实现路径、乡村振兴的国内外发展经验启示、乡村振兴的战略思路与保障措施等，为乡村地区又好又快的发展提供政策建议，探索未来乡村振兴的趋势方向。

本书的写作源于近几年对湖南省基层政府和乡村地区群众所做的系列调研，调研工作得到了湖南省社科院科研处的支持。在这里要特别感谢社会学研究所童中贤所长的长期关心，是他经常带领我们去各地调研，才有了本书的写作思路。同时，还要感谢湖南省社科院社会学研究所的所有同事的帮助，在这个大家庭里，经常受到大家的鼓励和帮助，才使得我能顺利地完成本书的写作。在此还要特别感谢我的爱人曾花梅女士！在我写作期间，她除了要辛苦工作外，还经历了怀孕生子，她一直无怨无悔地支持着我、安慰着我、激励着我，照顾着我和孩子。

本书是本人长期调研的成果汇聚，再次感谢社会学研究所童中贤所长对于本书的大力支持和提出的宝贵意见，还要感谢湖南省社科院为我们提供了良好的科研环境和成长平台。本书的顺利出版，正是得益于"湖南省社科院优秀学术文库"的资助，在此向院领导和科研处等部门领导表示衷心的感谢！

范东君

2022年3月20日